Für meinen Vater Valerian

Boris Zatko

Architektur zeichnen unterwegs

Erste Schritte zum Urban Sketching

Inhalt

Vorwort

Ich liebe das Zeichnen. Und ich liebe Spaziergänge. Diese zwei Beschäftigungen sind sich, ob Sie es glauben oder nicht, sehr ähnlich. Beim Zeichnen lässt man den Stift mäandern, bewegt sich von einem Punkt zum nächsten, verweilt an Stellen, die einem gefallen oder erreicht Orte, die überraschen. Genauso verhält es sich bei einem gelungenen Spaziergang. Umso schöner ist es also, dass man beides gleichzeitig genießen kann.

In diesem Buch lade ich Sie ein, mit mir auf einen Spaziergang zu gehen, um gemeinsam Gebäude zu zeichnen. Gleich vorab möchte ich Ihnen sagen, dass diese ersten Schritte wohl nicht ganz so gemütlich und entspannt wie ein Sonntagsausflug werden. Ich biete Ihnen keine Abkürzungen an, mit denen Sie schneller ans Ziel kommen könnten. Aber ich will Sie auch nicht mit allzu viel schnöder Theorie langweilen oder überfordern. Alles, was Sie am Ende des gemeinsamen Wegs hoffentlich entdecken werden, ist die reine Lust am Zeichnen. Aber wer nicht gut vorbereitet ist, kommt eben auch nicht weit.

Zeichnen – wie die Kreativität im Allgemeinen – ist ein endloser und steiniger Weg. Man gerät immer wieder ins Stolpern und kommt häufiger an seine Grenzen. Am liebsten würde man dann den Bleistift zerbrechen, das Papier zerreißen und Trost in Sahnetorten suchen. Glauben Sie mir, das passiert auch mir immer noch ständig. Und das ist auch richtig so! Aber um diese Hindernisse erfolgreich überwinden zu können, ist ein gutes Rüstzeug an Grundkenntnissen außerordentlich wichtig.

Kreativ sein bedeutet außerdem, immer wieder Neuland zu betreten. Und in einer Gegend, wo man sich nicht auskennt, gestaltet sich das Vorwärtskommen häufig schwieriger als in der gewohnten Komfortzone. Das Schöne daran ist, dass einem auf unbekannten Wegen eben auch das Glück des Entdeckens neuer Fähigkeiten und überraschender Erkenntnisse begegnet, für die Sie hoffentlich offen sind.

Die zweite treibende Kraft bei unserem Spaziergang sollte also neben den Grundkenntnissen die Leidenschaft sein. Ich liebe dieses Wort! Nicht zuletzt deshalb, weil es den Begriff „Leiden" beinhaltet. Erst wer hinfällt, kommt voran. Eine alte Binsenwahrheit, ich weiß, aber eine, die nun mal stimmt. Ich kenne kaum ein schöneres Gefühl, als sich nach einem Sturz den Staub abzuklopfen und die Hürde doch noch erfolgreich zu meistern.

Zweifeln Sie ruhig, wenn Sie glauben, in eine Sackgasse geraten zu sein. Meinetwegen können Sie auch frustriert sein. Aber das alles darf Sie nicht aufhalten, sondern sollte Sie anstacheln. Machen Sie dann ruhig eine Pause, bevor Sie weiter zeichnen – und gönnen Sie sich die Sahnetorte. Aber dann geht es weiter, mit Leidenschaft voran!

Zu guter Letzt möchte ich noch betonen, dass es in diesem Buch nicht darum geht, perfektes Zeichnen zu lernen, auch wenn es an manchen Stellen zugegebenermaßen sehr technisch wird. Perfektion interessiert niemanden, sie lässt einen kalt. Ihnen darf ruhig auch mal ein Strich verwackeln oder danebengehen. Meistens trifft erst das die Betrachtenden mitten ins Herz. Ich will Ihnen mit diesem Buch ausreichend Begeisterung und Motivation mitgeben, damit Sie allein weiterkommen und dabei etwas aufs Papier bringen werden, an dem Sie Freude haben.

Ich spüre, Sie sind ungeduldig. Das bin ich auch. Machen wir uns also auf den Weg!

Schritt 1:

Was nehmen wir mit?

Nur das Allernötigste!

Erstens hilft es, uns nur auf das Wesentliche zu konzentrieren, zweitens – und das ist fast noch wichtiger – haben wir nicht so schwer zu schleppen.

Meine Ausrüstung
Ein Klemmbrett, ein Falthocker, ein Motivrahmen, Papier, ein Bleistift (warum nur einen? Dazu kommen wir gleich), ein Messer (nicht zur Selbstverteidigung, keine Sorge) und Verpflegung (unbedingt auch was Süßes; als Trost, falls eine Zeichnung danebengeht, Sie erinnern sich). Und wenn's unbedingt sein muss, auch einen Radiergummi – ich benutze beim Zeichnen unterwegs grundsätzlich keinen, darum ist der hier auf dem Bild so sauber.

Aber was denn nun genau?

Diese Frage kann ich Ihnen nicht genau beantworten. Das will ich auch nicht. Sie würden mich ja auch nicht fragen, was Sie am besten essen sollen. Natürlich spielt die Qualität des Materials eine Rolle, wie hochwertige Zutaten bei einem Gericht. Aber wie beim Essen gilt auch beim Zeichnen: Selber probieren. Ich mag gar nicht zählen, wie viele Bleistifte, Farben und Papiere ich in meinem Leben schon ausprobiert habe, bis ich einigermaßen zufrieden war – und ich werde mit dem Ausprobieren sicher nicht aufhören, wie mit dem Essen auch nicht. Das Wichtigste ist einfach, dass Sie sich mit Ihrem Material wohlfühlen. Und dieser Wohlfühlfaktor ist bei jedem anders. Also kann ich Ihnen an dieser Stelle höchstens Empfehlungen anbieten. Aber immerhin mit einer, so hoffe ich, schlüssigen Begründung.

Außerdem bevorzuge ich ein kleines Format. Es hilft, sich auf das Wesentliche zu konzentrieren. Zu viel Platz auf dem Blatt verleitet gern dazu, zu viel zu zeichnen. Das kann überfordern, was meistens nur in Frust und Hilflosigkeit mündet. Zu guter Letzt ist mein Papier nicht reinweiß, sondern besitzt einen cremigen Gelbton, was der Zeichnung eine angenehme Wärme verleiht.

Das Papier

Ich benutze relativ schweres Papier (mindestens 220 g/m^2) mit einer feinen Oberfläche. Diese belässt meinen Strich satter und er wirkt darauf auch weicher. Körniges Papier bricht den Strich und verhindert eine kontrollierte Strichführung, was mir nicht angenehm ist. Außerdem bevorzuge ich ein kleines Format. Es hilft, sich auf das Wesentliche zu konzentrieren. Zu viel Platz auf dem Blatt verleitet gern dazu, zu viel zu zeichnen. Das kann überfordern, was meistens nur in Frust und Hilflosigkeit mündet. Zu guter Letzt ist mein Papier nicht Reinweiß, sondern besitzt einen cremigen Gelbton, was der Zeichnung eine angenehme Wärme verleiht.

Der Bleistift

Ich verwende ausschließlich Bleistifte mit Härtegrad 4B oder noch weicher. Der Vorteil ist, dass ich damit eine große Bandbreite von hellen bis zu tiefdunklen Strichen zeichnen kann. Das wäre mit einem Härtegrad HB oder 2H nicht möglich.

Der Radiergummi
Ich verwende keinen Radiergummi. Das hat vielleicht mit meiner Herkunft zu tun; als Schweizer darf ich mir keine Fehler erlauben. Das hat sich irgendwie in meinem Kopf festgesetzt. Ich möchte immer, dass eine Zeichnung gleich beim ersten Versuch klappt. Das ist natürlich Unsinn, hat aber weitgehend meinen Stil beeinflusst. Das ist eine Marotte und sollte bitte nicht Ihr Ansporn sein. Trotzdem möchte ich an dieser Stelle meine Empfehlung für einen geeigneten Radiergummi loswerden – einen Knetradiergummi. Er hat den Vorteil, dass er sich – wie der Name schon vermuten lässt – in Wunschform kneten lässt. Sie können damit also sowohl kleine Details als auch große Flächen ausradieren. Weitere klare Vorteile sind, dass er nicht schmiert und keine Radierspäne hinterlässt.

Das Klemmbrett
Ein ausreichend großes Klemmbrett ersetzt den Zeichentisch. Haben Sie nur den Block in der Hand, hängt Ihr Arm etwas ungelenk in der Luft. Für geübte Zeichnende kein Problem, aber anstrengend für Zeichenneulinge. Mit einem Klemmbrett ist Ihr Papier fixiert und Ihr Zeichenarm liegt bequem auf.

Der Falthocker
Nicht immer gibt es vor dem ausgewählten Motiv eine bequeme Sitzgelegenheit. Und auf dem Boden hocken ist auf Dauer eher eine der unangenehmeren Erfahrungen. Also besorgen Sie sich einen Falthocker, ihr Allerwertester wird es Ihnen danken.

Die Motivsuche

Erlauben Sie mir an dieser Stelle ein paar kurze Worte zur Motivsuche an sich. Es erstaunt mich immer wieder, wenn mich jemand fragt, was er zeichnen soll. Als ob es darum ginge, dass die Zeichnung am Ende mir oder jemand anderem gefallen müsse. Meine Antwort darauf ist einfach: Halten Sie Ausschau nach etwas, das nur Ihnen gefällt. Wenn man etwas sieht, das einen nicht anzieht, braucht man es auch nicht zu zeichnen. Es ist vergleichbar mit der Liebe auf den ersten Blick. Es kann nicht erzwungen werden, es passiert einfach. Das Zeichnen ist dann wie ein Flirt. Und wenn es dabei richtig funkt, ist die Liaison perfekt.

Der Motivrahmen erleichtert die Suche nach diesem Flirt im Hinblick auf die Komposition und Fokussierung. Betrachtet man die Umgebung durch den Rahmen, sollte das Ziel ein visuelles Umami-Erlebnis sein, ein harmonischer Augenschmaus. Dabei spielt auch das Gleichgewicht eine große Rolle. Unruhe ist unbefriedigend, ein Durcheinander anstrengend fürs Auge. Das beste Ergebnis ist dann erreicht, wenn die verschiedenen Bildelemente miteinander kommunizieren, sich gegenseitig ergänzen oder stützen.

Dieses Beispiel zeigt dies ganz anschaulich. Ein niedliches Häuschen in einer netten Umgebung.

Betrachten wir das Motiv durch ein Raster, sehen wir, dass das untere Drittel vom Feld dominiert wird und das obere Drittel vom Himmel. Sie harmonisieren miteinander und flankieren quasi das mittlere Drittel, in dem sich das Hauptsächliche abspielt. Dritteln wir diesen Streifen, bemerken wir, dass in jedem Rechteck ein dominantes Motiv vorherrscht: links das Haus, in der Mitte die Tanne, rechts der hell belaubte Baum. Die Tanne definiert die Mitte des Bildes, das Haus und der weiße Baum die beiden Seiten. Alle drei Motive halten das Bild für die Betrachtenden in Balance.

Übertragen wir das in eine Zeichnung, stellen wir fest, dass die obere rechte Ecke sehr von den Wipfeln der Bäume dominiert wird. Dies gleichen wir aus, indem wir in der gegenüberliegenden, unteren linken Seite ein paar Details des Feldes hinzufügen. Damit haben wir das Ungleichgewicht in der Diagonalen wieder ausgeglichen.

Wenn wir also auf Gleichgewicht und Harmonie achten, sollte uns eine hübsche Zeichnung gelingen, die man gern anschaut.

Der Motivrahmen
Einen Motivrahmen kann man ganz einfach selber basteln. Nehmen Sie dazu ein Blatt Ihres Blockes.

Verbinden Sie die gegenüberliegenden Ecken mit einem Strich.

Entlang des daraus entstandenen Kreuzes können Sie wählen, wie groß der Bildausschnitt werden soll. Achten Sie darauf, dass Sie die Linien parallel zum Papierrand setzen.

Schneiden Sie anschließend das gewünschte Rechteck aus.

Und schon haben Sie einen Rahmen, der proportional korrekt zu Ihrem Papierformat passt.

Schritt 2:

Treiben Sie es auf die Spitze!

Aber nicht zu sehr!

Im nächsten Schritt geht es um das Bleistiftspitzen: Es ist von grundlegender Bedeutung. Es mag übertrieben erscheinen, diesem Thema ein ganzes Kapitel zu widmen, aber es lohnt sich. Nicht nur wird es Ihr Zeichnen dramatisch beeinflussen – der Bleistift wird übers reine Zeichnen hinaus Ihr wichtigstes Werkzeug werden.

Erinnern Sie sich an das Messer in der Ausrüstung auf Seite 10? Damit werden Sie in Zukunft Ihren Bleistift spitzen. Normale Anspitzer können Sie also getrost entsorgen. Warum? Weil Sie mit einem handelsüblichen Schulspitzer eine nur sehr kurze und sehr spitze Bleistiftspitze hinbekommen. Eine Spitze, die Sie nicht nur dazu zwingt, bloß auf eine Art zu zeichnen, sondern auch, den Anspitzer schon nach kurzer Zeit wieder zu benutzen. Also weg damit!

Mit einer etwas stumpferen Spitze haben Sie die Freiheit, jederzeit feine, starke, dicke und dünne Striche zu zeichnen. Und die lange Mine erlaubt Ihnen, über einen größeren Zeitraum zu zeichnen, ohne gleich wieder das Messer zücken zu müssen.

Diese kümmerliche Spitze
soll's bitteschön nicht sein.

DAS ist eine Spitze!
Da wollen wir hin.

Ich verwende zum Spitzen ein Cuttermesser, das man auch beim Modellbau benutzt. Sie können aber auch ein feines Teppichmesser dafür einsetzen. Ein kleines, scharfes Küchenmesser tut es auch, es darf nur nicht geriffelt sein.

Legen Sie etwa zwei Zentimeter der Bleistiftmine frei, indem Sie im flachen Winkel kleine Holzspäne vom Stift schaben. Drehen Sie dabei den Bleistift langsam mit den Fingern, ähnlich wie einen Bratspieß.

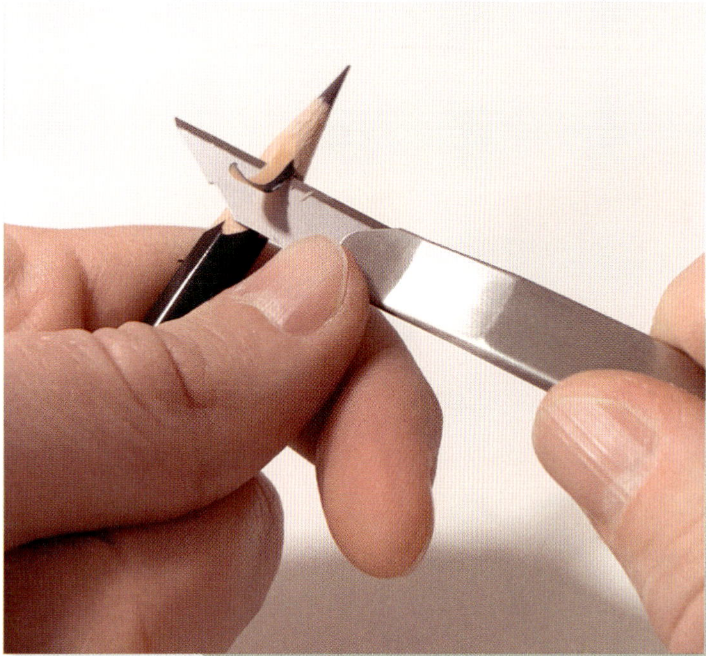

Schnitzen Sie nun an der Mine weiter. Ebenfalls im flachen Winkel, nicht zu schnell und nicht zu langsam, mit leichtem Druck und der gleichen Drehbewegung wie zuvor.

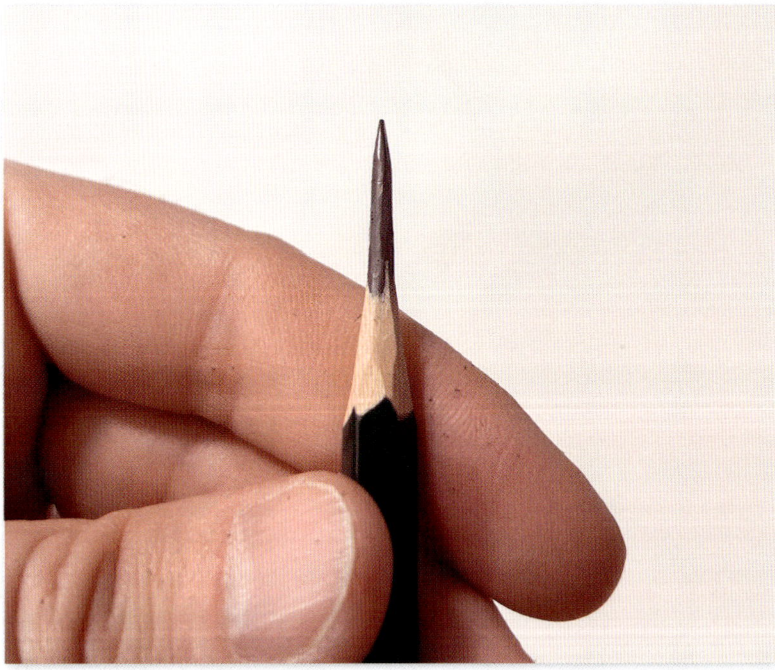

Schnitzen Sie die Mine nicht zu spitz. Wird die Spitze zu fein, verleitet sie dazu, auch fein und filigran zu zeichnen. Damit gehen die Lockerheit und auch die Großzügigkeit im Strich verloren.

Haben Sie es aber doch zu weit auf die Spitze getrieben, dann versuchen Sie nicht, den Spitz mit dem Messer abzuflachen. Zeichnen Sie einfach auf einem Blatt Papier ein paar kräftige Kringel, bis das Ergebnis etwa so aussieht wie hier.

Eine Sache noch

Wo ist die Perspektive?

Bevor wir zu den ersten Übungen kommen, ein paar Worte zur Perspektive: Sie werden sie in diesem Buch nicht finden. Jedenfalls nicht so, wie Sie es sich vielleicht vorgestellt haben. Falls Sie also die Hoffnung hatten, irgendwo zwischen diesen Seiten einen Fluchtpunkt zu entdecken, so muss ich Sie enttäuschen.

Perspektive ist hilfreich, um fiktive Zeichnungen anzufertigen, aber das ist nicht das Thema dieses Buchs. Hier geht es hauptsächlich darum, zu zeichnen, was man sieht. Und dazu gehören Fluchtpunkte ganz sicher nicht. Zu zeichnen, was man sieht, ist schon knifflig genug. Da sollte man nicht noch seine Zeit und Geduld damit vergeuden, irgendwelchen Fluchtpunkten hinterherzujagen.

Aber ich werde schon noch zum Punkt kommen, sogar zu einer ganzen Menge von Punkten – aber die sind eben nicht flüchtig. Und ich bin mir sicher, dass Sie am Ende dieses Buchs dennoch perspektivisch korrekt abzeichnen können.

Das war's auch schon. Weiter geht's!

Schritt 3:

Machen Sie sich mal locker

Sie glauben, wir zeichnen jetzt einfach drauflos? Nein, denn das wäre der falsche Start unseres Spaziergangs. Sie kennen das vom Sport. Wärmen Sie sich davor nicht richtig mit entsprechenden Übungen auf, kann es übel enden. Das gilt auch beim Zeichnen. Ohne Lockerungsübungen lauert der Frust bereits hinter der ersten Ecke.

Zeichnen Sie zuerst lange Striche auf Ihr Blatt. Von oben nach unten, von rechts nach links und diagonal, und gern auch mal in der verkehrten Richtung.

Und bitte, bitte, bitte – tun Sie das mit Verve!

Ich beobachte immer wieder, wie manche Menschen lange Linien ganz vorsichtig mit kurzen, schwachen Strichen zu zeichnen versuchen. So, als ob sie beim Gehen, statt anständige Schritte zu tun, zaghaft herumtrippeln, um bloß keinen Fehltritt zu machen. Das ist wie der sprichwörtliche Eiertanz. Hören Sie auf damit! Sie verkrampfen dabei nur noch mehr. Zeichnen Sie ruhig mit genug Druck und Zug. Ihrem Skizzenblock tut das nicht weh. Achten Sie auch darauf, nicht nur aus dem Handgelenk zu zeichnen, sondern nehmen Sie den Arm bis zum Ellbogen mit. Dadurch erhöhen Sie die Strecke für lange Linien erheblich.

Wiederholen Sie diese Übung nun mit runden Linien und Kreisen. Spielen Sie mit dem Bleistift und verändern Sie während der Linienführung auch mal den Druck oder den Winkel. Sie werden feststellen, wie groß das Repertoire Ihres Bleistiftes ist. Sie lernen ihn auf diese Weise auch richtig kennen.

Zeichnen Sie auch mal komische Formen aufs Blatt und versuchen Sie anschließend, diese Formen ein paarmal hintereinander abzuzeichnen. Sie werden bemerken, wie Sie bei jedem neuen Versuch lockerer werden und bereits bekannte Umrisse mit immer größerem Vertrauen ziehen. Auch wird sich beim Zeichnen Ihr ganz eigenes Tempo einpendeln.

Schritt 4:

Kommen wir zum Punkt!

Ich hatte bereits erwähnt, dass wir den Fluchtpunkt links liegen lassen. Aber Punkte werden trotzdem eine große Rolle spielen, eine sehr große sogar! In Form von Referenzpunkten nämlich, an denen wir uns beim Zeichnen entlanghangeln werden. Also sozusagen die sprichwörtliche Reise von A nach B.

Oft beobachte ich, wie jemand zaghaft mit einem Strich beginnt und dabei hofft, dieser verläuft so wie gewünscht. Und dann – weicht der Strich vom Kurs ab. Das passiert, wenn man beim Zeichnen kein Ziel anpeilt. Diese Ziele sind die erwähnten Referenzpunkte. Man muss sie vorher setzen und dann darauf zuzeichnen.

Dafür eignet sich die folgende Übung.

Setzen Sie auf Ihrem Blatt Punkte, so viele, wie Sie wollen. Sie ahnen es bereits, das wird eine Art Zeichnen nach Zahlen. Sie kennen es bestimmt aus Kindertagen.

Zeichnen Sie jetzt also Linien von Punkt zu Punkt, ganz nach Lust und Laune.

Und denken Sie daran: Ziehen Sie Ihren Strich auch hier kräftig durch. Es wird nicht gestrichelt! Und zeichnen Sie bitte auch unbedingt mal über einen Punkt hinaus.

Wenn Sie meinen, treffsicher genug geworden zu sein, können wir weitergehen.

Schritt 5:

Drücken Sie ein Auge zu

Unser Gehirn ist echt fies! Es gaukelt uns ständig was vor. Das muss es auch, damit wir in unserer Umgebung klarkommen. Aber beim Abzeichnen leitet uns das Gehirn leider fehl. Das liegt daran, dass wir beim Zeichnen ein dreidimensionales Bild auf eine zweidimensionale Fläche übertragen müssen.

Unsere graue Masse wandelt das, was wir mit unseren Augen wahrnehmen, in ein Bild mit Raumtiefe um. Dabei fokussiert es ständig die Objekte, auf die wir uns unmittelbar konzentrieren. Alles andere rundherum wird dabei quasi verschleiert. In Wirklichkeit sehen wir von unserer Umgebung also nur einen winzig kleinen Teil tatsächlich scharf. Durch diese „Täuschung" wirken Objekte, die weit weg sind, im Vergleich zu näheren Objekten, größer, als sie eigentlich sind. Das führt dazu, dass die Proportionen der Dinge, die man zeichnet, komplett aus dem Ruder laufen. Und das, was dann am größten ist, ist die Enttäuschung.

Um das zu verhindern, müssen Sie sich selbst austricksen. Die besondere Betonung liegt dabei auf müssen. Betrachten Sie Ihre Umgebung nur mit einem Auge – und zwar immer. Dadurch sehen Sie zweidimensional und die Proportionen der Objekte zueinander bekommen die korrekte Relation.

Damit Sie die Sache mit der Räumlichkeit wirklich verinnerlichen, sehen Sie hier ein Beispiel mit zwei Häusern, die weit auseinanderliegen. Dabei steht eines auch noch viel weiter im Hintergrund als das andere.

Beim Betrachten der Vorlage will uns das Gehirn weismachen, dass das rechte Gebäude ganz weit hinten steht. Eigentlich ist ein Foto zur Veranschaulichung ungeeignet, da es sich dabei ja bereits um eine zweidimensionale Abbildung eines dreidimensionalen Motivs handelt. Aber ich hoffe, Sie verstehen auch so, was ich meine.

Wir haben also das Gefühl, das rechte Haus sei sehr weit vom linken Gebäude entfernt. Dabei ist die Länge des Abstands genau gleich wie die Länge der Grundlinie der linken Hausseite des linken Gebäudes.

Sie sehen also, auch bei räumlich sehr weit auseinanderliegenden Objekten müssen Sie stets darauf achten, das Gesamtbild wirklich als zweidimensionale Fläche zu betrachten und zu begreifen. Ansonsten fallen Sie auf Ihr Gehirn rein und Sie zeichnen entweder das „hintere" Gebäude zu groß oder machen den Abstand viel zu weit.

Erinnern Sie sich, dass Ihr Bleistift Ihr wichtigstes Werkzeug ist? Es ist das Gerät, mit dem Sie nicht nur zeichnen, sondern auch Ihre Umgebung vermessen. Nun ist es an der Zeit, zu lernen, damit umzugehen. Also nehmen Sie Haltung an! Strecken Sie den Arm, mit dem Sie zeichnen, ganz gerade aus. Halten Sie den Bleistift in Ihrer Faust, den Daumen an ihn angelehnt. Legen Sie Ihren Kopf leicht schräg in Richtung der Schulter des ausgestreckten Arms und schließen Sie das Auge auf der Seite, auf der Ihr Arm nicht ausgestreckt ist. Sie müssen nicht zwingend Ihren Arm ausstrecken, er darf auch angewinkelt sein. Zwingend ist nur, dass Sie dann die von Ihnen ausgewählte Haltung während des gesamten Zeichenprozesses beibehalten, egal, ob Sie etwas kilometerweit im Hintergrund oder etwas in unmittelbarer Nähe vermessen. Ansonsten würde es die Proportionen komplett verzerren.

Je nachdem, wie Sie Ihren Bleistift gespitzt haben und wie Sie ihn halten, ergeben sich drei Maßeinheiten, mit denen Sie arbeiten können. Passt eine dieser Längen nicht zu einer Linie, die Sie abmessen, benutzen Sie einfach die Spitze Ihres Daumens als Grenze, indem Sie ihn am Bleistift entlangschieben.

Schritt 6:

Bleiben Sie auf der Strecke

Um ein Gefühl für das Abmessen zu bekommen, schreiten wir zur ersten Übung.
Wir wählen dafür dieses nette Häuschen aus.

Die Linie, für die wir uns als Erstes entscheiden, ist die linke Hauskante. Halten Sie Ihren Bleistift in der zuvor beschriebenen Stellung daneben. In diesem Beispiel hat die Strecke, die wir abmessen wollen, genau die Länge vom Daumenrand bis zur Minenspitze.

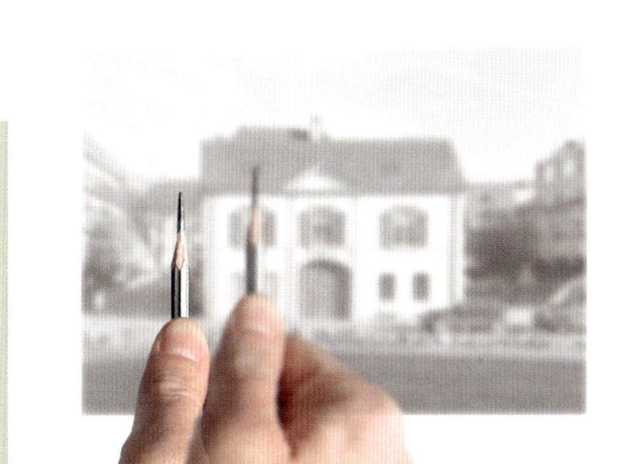

Bemerken Sie, dass Sie nur einen Bleistift sehen?
Versuchen Sie es mal mit zwei Augen und konzentrieren Sie sich nur auf den Hintergrund.
Sie sehen plötzlich zwei Bleistifte – oder, wenn Ihr Gehirn anfängt zu fokussieren, entweder den Bleistift oder den Hintergrund scharf.
Das ist doch einfach nur störend und verwirrend, oder?
Also Auge zu. Ich kann es nicht oft genug wiederholen!

Sie haben Ihre erste Strecke abgemessen. Gratuliere! Nun übertragen Sie diese auf Ihr Blatt. Und das ist kinderleicht. Aber Achtung! Zeichnen Sie bitte immer mit beiden Augen geöffnet.

Ziehen Sie eine Senkrechte und setzen Sie auf dieser Linie irgendwo zwei Punkte. Das war's! Diese Strecke entspricht jetzt derjenigen, die Sie abgemessen haben.

Wahrscheinlich wenden Sie jetzt ein, dass Sie dafür die Strecke am Anfang ja gar nicht hätten abmessen müssen. Das stimmt. Aber erstens ist das hier die erste Übung und zweitens hätten Sie es später doch tun müssen. Jedenfalls haben Sie jetzt Ihre erste Referenzstrecke sowie zwei Referenzpunkte ermittelt.

Messen Sie nun die nächste Strecke ab. Dafür vergleichen Sie diese mit der alten. Aha, sie ist doppelt so lang.

Übertragen Sie das aufs Blatt. Ziehen Sie dafür eine waagrechte Linie durch den oberen Punkt.

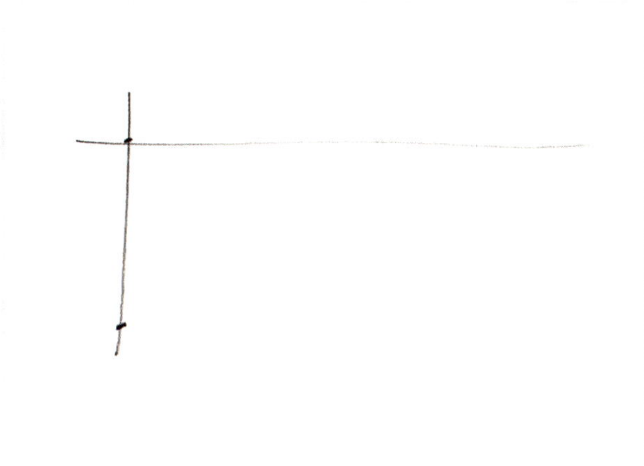

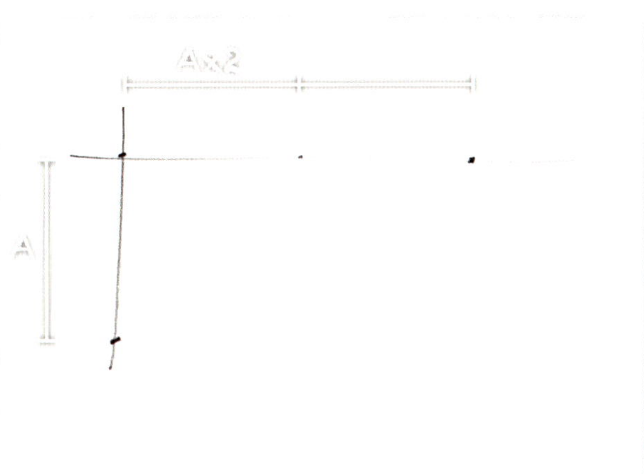

Wir wissen, dass die zweite Linie doppelt so lang ist wie die erste. Also messen wir nun auf unserer Zeichnung diese Strecke ab und setzen den entsprechenden Punkt auf der Waagrechten. Und schon haben wir eine weitere Referenzstrecke und einen weiteren Referenzpunkt ermittelt.

Ja, so langsam kommen wir in den Tritt!

Schritt 7:

Quadratisch, praktisch, gut

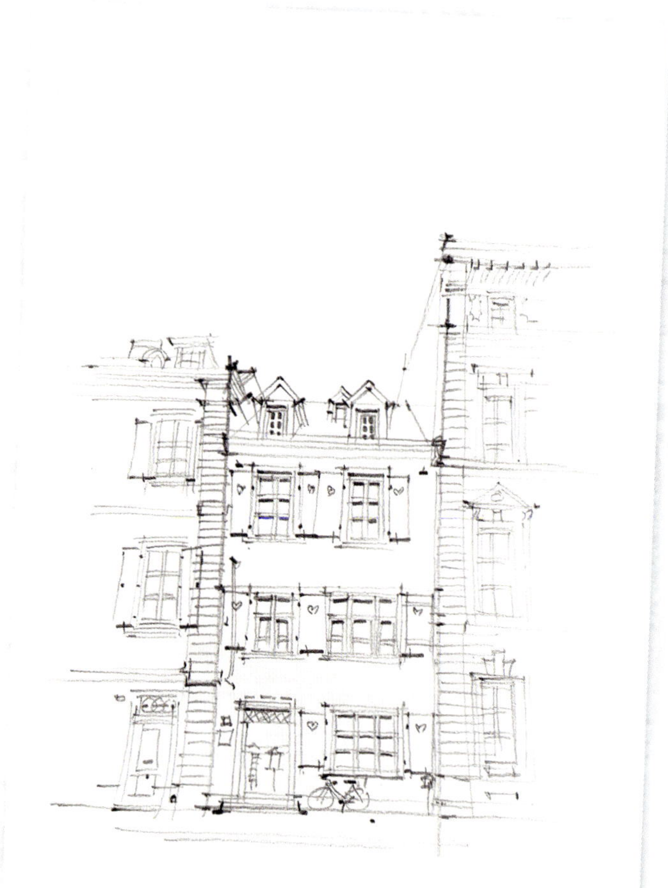

Nun sind Sie gewappnet für die einfachste Form eines Hauses.

Das Rechteck.

In diesem hübschen Motiv steckt noch keine Räumlichkeit oder Tiefe, auch lassen wir die Schräge des Dachs in diesem Schritt außen vor. Wir konzentrieren uns einzig darauf, das korrekte Seitenverhältnis des Rechtecks einzufangen.

Von den vier Strichen, die wir für die Rechteckform des Hauses benötigen, können wir drei schon mal ganz befreit aufs Blatt zeichnen. Und es ist sogar egal, welche es sind. Wir brauchen dazu nicht einmal das Foto anzuschauen. Erinnern Sie sich an die Linie mit den zwei Punkten im vorherigen Schritt? Und an Ihren Einwand?

Jetzt zeichnen wir tatsächlich zuerst, bevor wir abmessen.

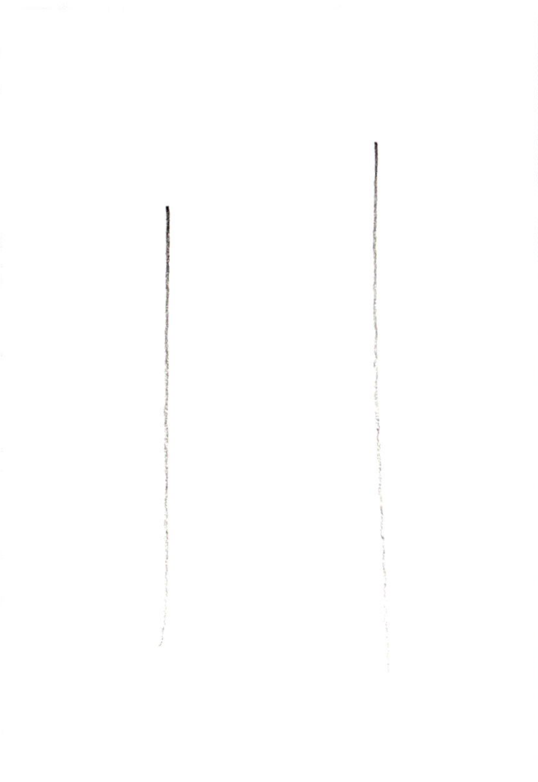

Ich beginne am liebsten mit einer senkrechten Linie. Die zweite ist dann entweder wieder eine Senkrechte oder eine Waagrechte. Wir entscheiden uns hier erneut für die Senkrechte. Diese setzen wir einfach nach Gefühl neben die erste. Wie Sie sehen, achten wir nicht darauf, ob die Länge stimmt. Hauptsache, die beiden Striche sind einigermaßen senkrecht.

Nun kommt also der dritte Streich, die Waagrechte. Hier wählen wir die Bodenlinie. Die setzen wir, erneut ohne groß zu überlegen, irgendwo im unteren Bereich des Blattes. Jetzt haben wir fast schon das ganze Rechteck beisammen.

Aber was noch wichtiger ist: Wir haben unsere ersten Referenzen gezeichnet: die Strecke zwischen den Senkrechten und die beiden dazugehörigen Schnittpunkte.

Jetzt können wir herausfinden, an welcher Stelle wir den vierten Strich setzen. Wir benutzen also das erste Mal den Bleistift als Messgerät. Nehmen Sie die auf Seite 38 erklärte Haltung ein und schauen Sie, wie lang die Verbindungsstrecke zwischen den beiden Senkrechten im Motiv ist. Sie reicht bis zum Anfang des Holzschafts.

Als Nächstes prüfen wir, wie weit die obere Waagrechte von der unteren entfernt ist. Dazu verwenden wir unsere Referenzabmessung. Wir sehen: Die Strecke von der unteren bis zur oberen Waagrechten ist etwa anderthalbmal (1,5-mal) länger.

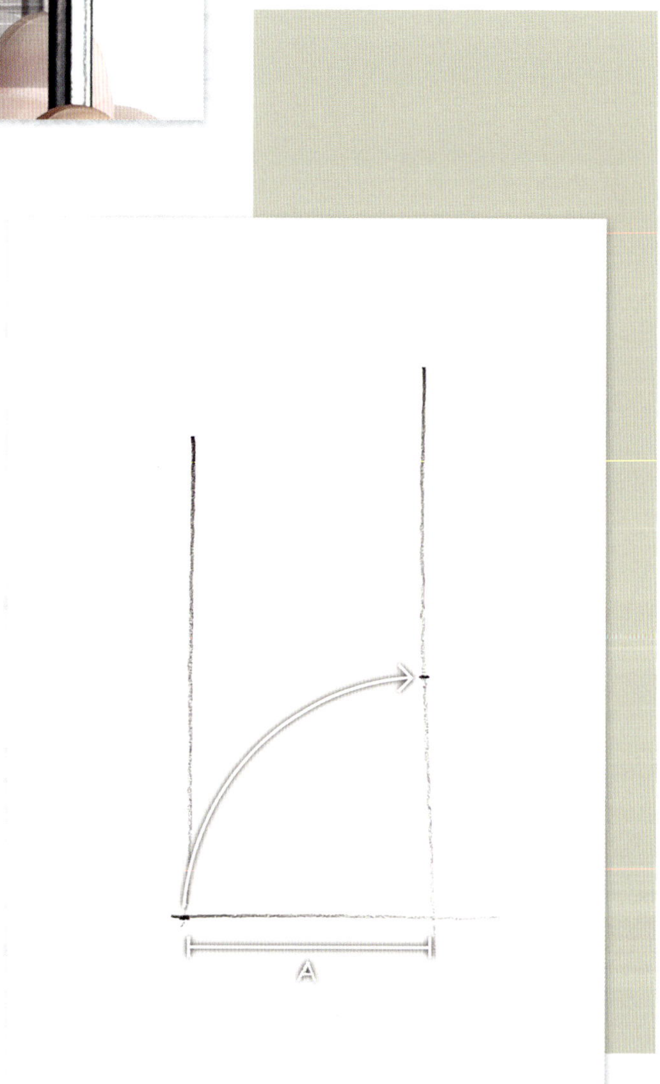

Das übertragen wir nun auf unser Blatt. Dazu messen wir unsere gezeichnete, untere Strecke ab und markieren diesen Punkt auf dem rechten Strich.

Nun ermitteln wir den anderthalbfachen Abstand und setzen jeweils einen Punkt auf die beiden senkrechten Striche.

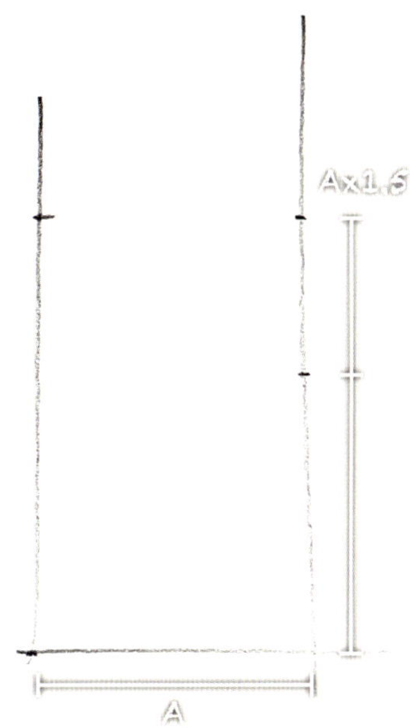

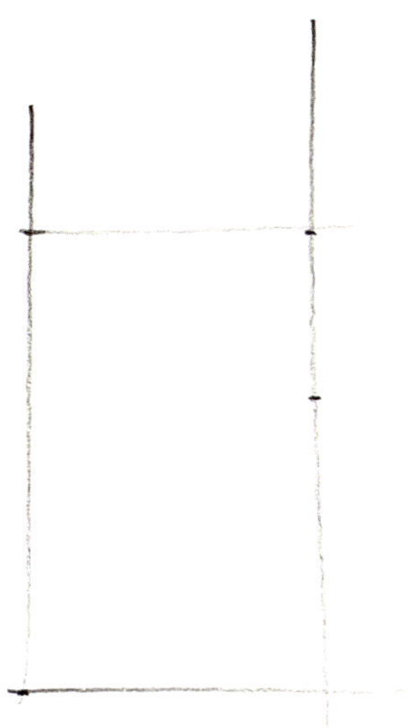

Wenn Sie nun die beiden Punkte verbinden, haben Sie nicht nur Ihr Rechteck fertiggestellt, sondern auch gleich eine neue Referenzstrecke sowie zwei neue Referenzpunkte geschaffen.

Schritt 8:

Ein Rechteck kommt selten allein

Das einzelne Häuschen war doch gar nicht so schwer, oder? Aber wie steht es damit, wenn solche Häuser in Gruppen auftreten und darüber hinaus auch noch unterschiedlich groß sind? Wird es dann nicht schwieriger? Nein, es bleibt einfach. Mit einem Rechteck haben wir ja bereits zwei Referenzstrecken. Und mit diesen lassen sich die anderen Rechtecke bequem finden.

Beginnen wir also wie in Schritt 7 (siehe Seite 44ff.) damit, das Rechteck eines einzelnen Hauses zu zeichnen. Dabei bleibt es völlig Ihnen überlassen, welches es sein soll. Sie müssen nur drauf achten, dass für die beiden anderen genügend Platz bleibt.

Ich suche mir meist dasjenige mit einem deutlichen Unterschied im Seitenverhältnis aus, um entsprechend unterschiedliche Referenzstrecken zu erhalten. In diesem Beispiel ist es das kleine Haus in der Mitte.

Der Unterschied zu Schritt 7 besteht darin, dass wir hier zuerst die waagrechte Linie ziehen. Und wir ziehen sie richtig lang, da die drei Häuser auf der Vorlage ja alle auf derselben Grundlinie stehen.

Fahren Sie fort, bis Sie mit dem ersten Rechteck fertig sind. Dann folgt das Zweite.

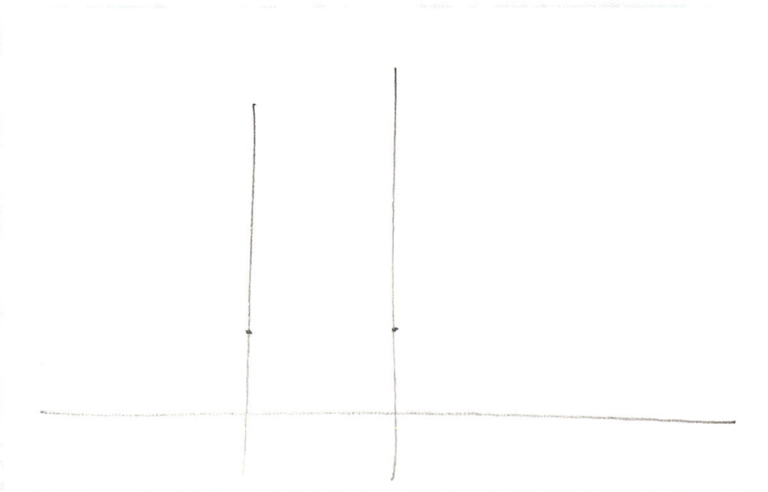

Dafür wählen wir das Haus auf der rechten Seite. Dank der waagrechten Referenzstrecke finden wir heraus, dass dieses Haus fast doppelt so breit ist wie das mittlere – aber eben nur ungefähr. Ab hier vertrauen wir auch mal unserem Augenmaß. Das gehört ebenfalls dazu und ist wie so vieles Übungssache.

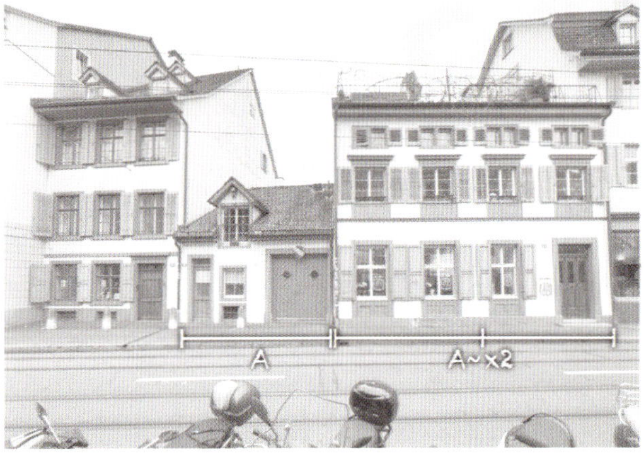

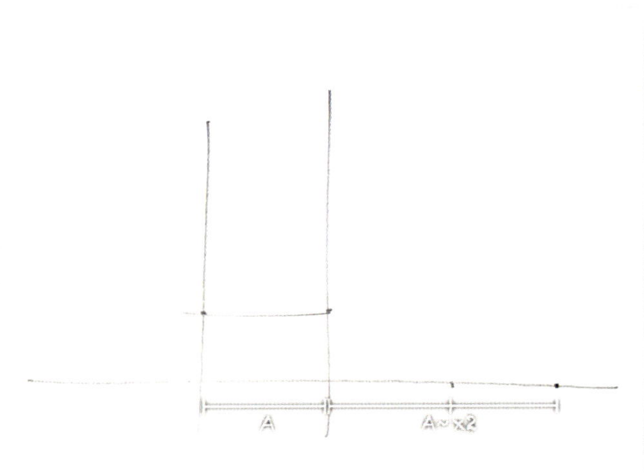

Übertragen Sie diese Strecke aufs Blatt und setzen Sie die dritte Senkrechte.

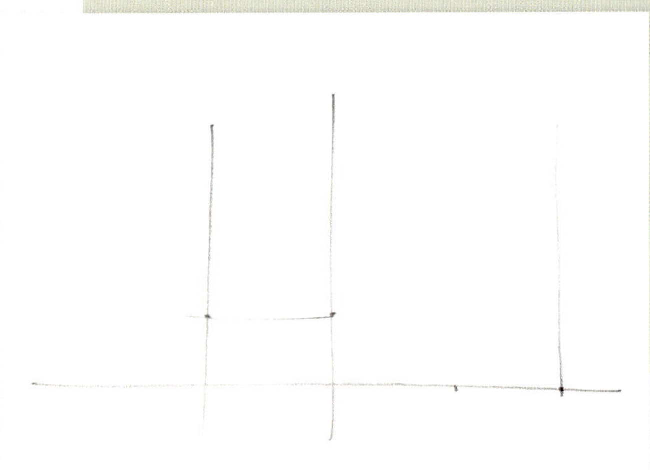

Schließlich finden wir noch heraus, dass die Höhe fast dem 2,5-fachen des kleinen Hauses entspricht.

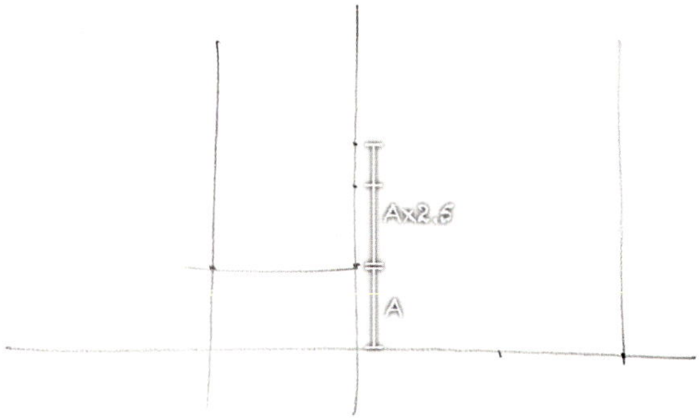

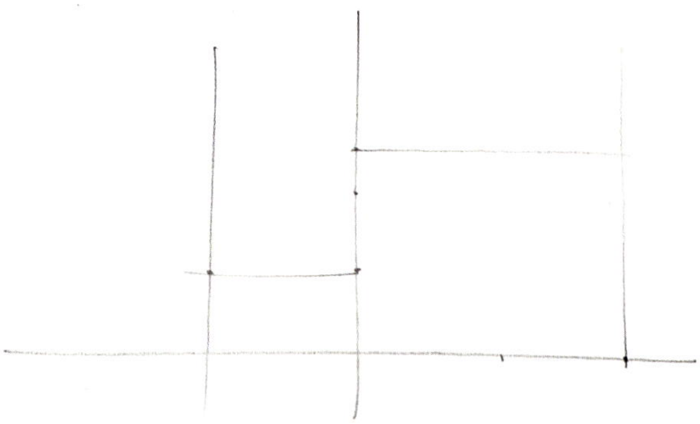

Damit haben wir das zweite Rechteck fertiggestellt und sogar noch drei neue Referenzstrecken geschaffen.

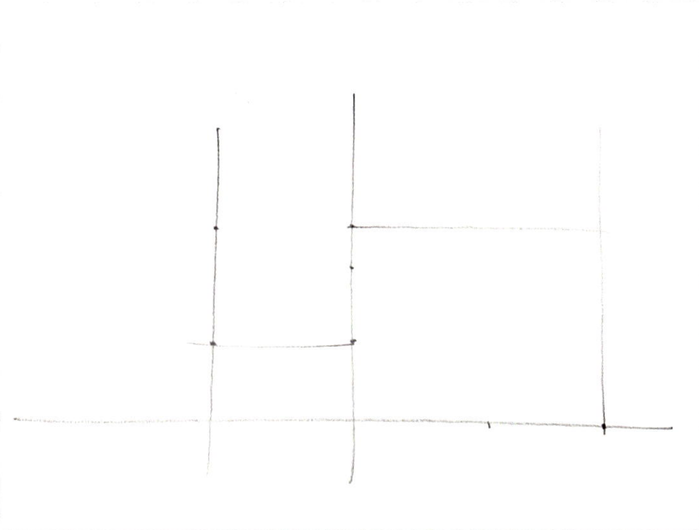

Das dritte Rechteck zu zeichnen sollte nun ein Klacks sein.

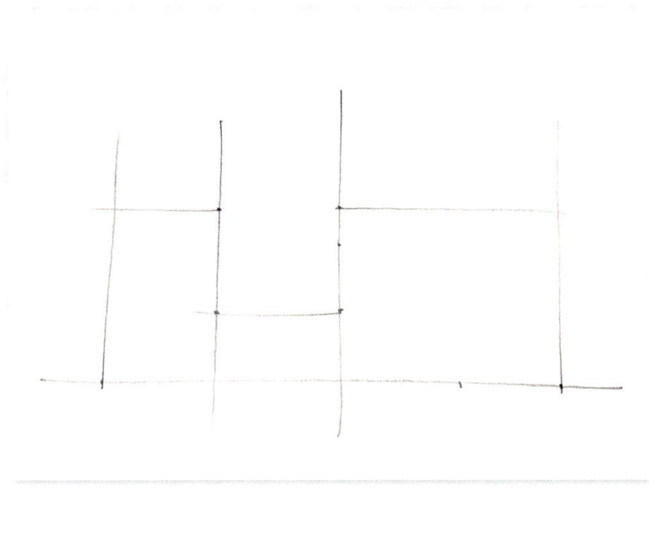

Schritt 9:

Jetzt wird's schräg!

Wagen wir uns weiter zu etwas komplexeren Formen vor, wie sie bei diesem charmanten Gebäude zu finden sind. Dabei bleiben wir aber noch bei der Frontansicht.

Wenn Sie das Haus genauer betrachten und sich nur auf die Grundformen konzentrieren, so entdecken Sie nicht nur die mittlerweile bekannten Rechtecke, sondern auch Dreiecke und ein keckes Trapez. Die alle einzufangen ist ebenfalls keine Zauberei!

Wir zeichnen wie gewohnt zuerst die Rechtecke, um genügend Referenzstrecken zu bekommen.

Nun fangen wir das obere, rechte Dreieck ein. Um die Position der oberen Spitze dieses Dreiecks zu finden, betrachten wir die Vorlage und stellen uns im Kopf eine senkrechte Linie vor, die von dieser Spitze nach unten bis zur oberen Referenzstrecke des darunterliegenden Rechtecks führt. Dort, wo diese Linie die Referenzstrecke kreuzt, liegt unser Orientierungspunkt.

Übertragen Sie diesen Punkt auf Ihre Zeichnung und ziehen Sie von dort einen senkrechten Strich nach oben.

Anschließend messen Sie an der Vorlage den Abstand vom Dachrand bis zur Spitze. Dieser ist praktischerweise genauso lang wie die Waagrechte des mittleren Rechtecks.

Markieren Sie diese Strecke auf der von Ihnen gesetzten Linie.

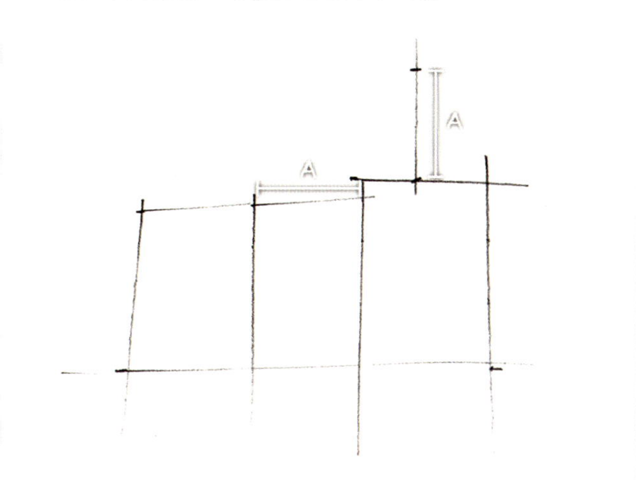

Verbinden Sie anschließend diesen Punkt mit den beiden untenliegenden Ecken des Rechtecks – voilà, wir haben das erste Dreieck.

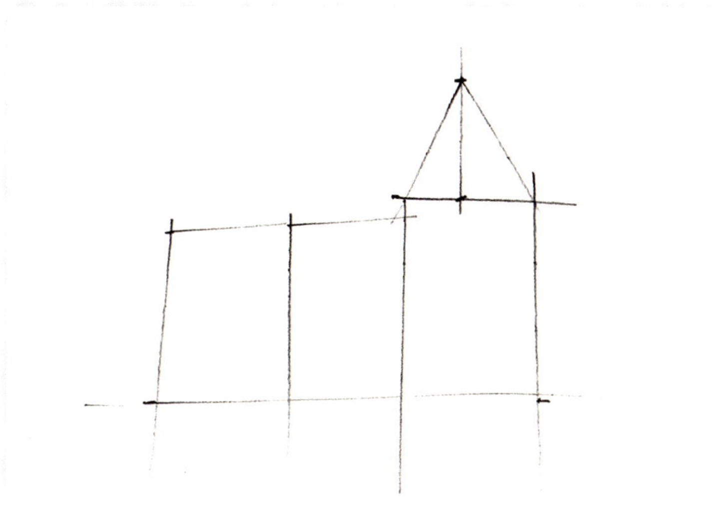

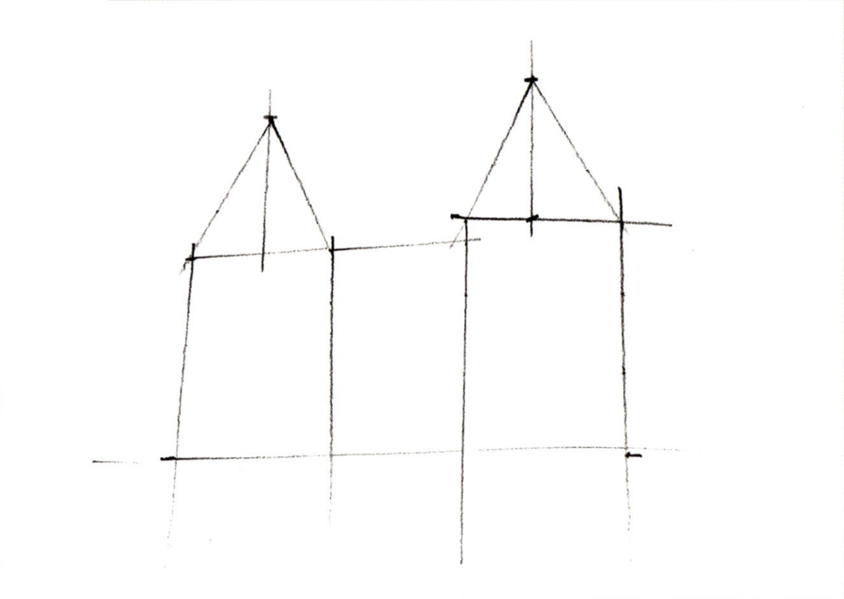

Wiederholen Sie diesen Schritt, um das linke Dreieck zu zeichnen.

Jetzt wird es auch leichter, das Trapez zu zeichnen. Dazu brauchen wir nur den Punkt zu finden, an dem das Trapez mit seiner oberen Linie das rechte Dreieck berührt. Und das tun wir wie? Richtig, indem wir wieder abmessen. Die Strecke vom Punkt bis zu der unter ihm liegenden Waagrechten beträgt die Hälfte der Waagrechten des mittleren Dreiecks (ich weiß nicht, wie es Ihnen geht, aber die Suche nach passenden Vergleichslinien ist für mich wie eine kleine Schnitzeljagd).

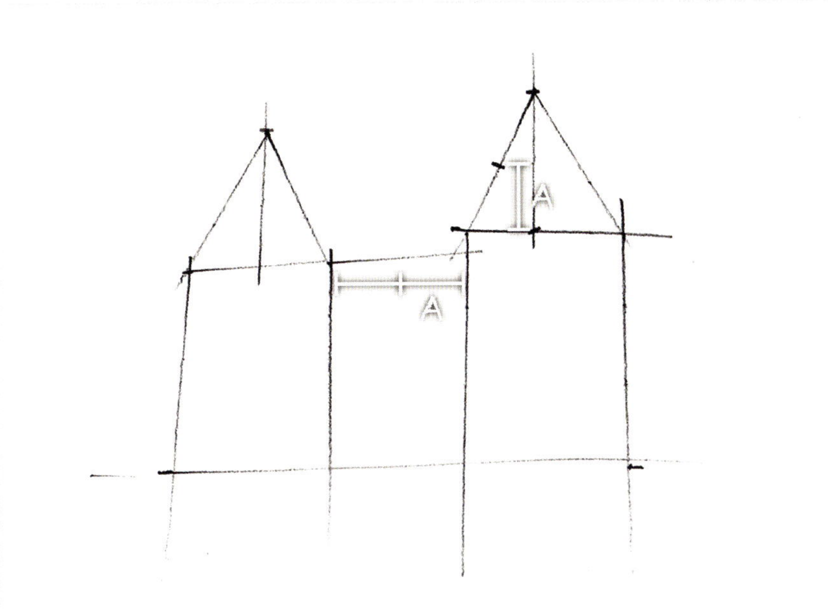

Markieren Sie wie immer den neu gefunden Punkt auf Ihrer Zeichnung.

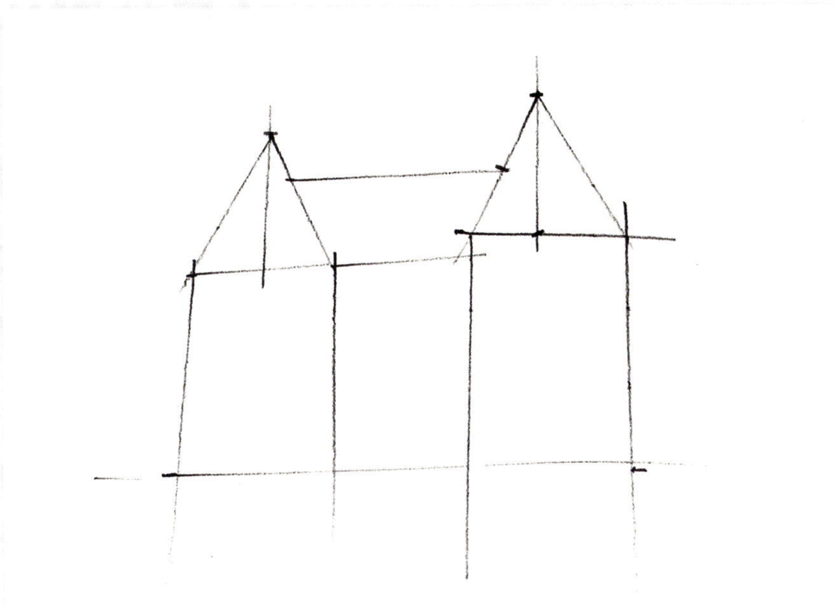

Ziehen Sie zum Schluss noch einen kräftigen Strich vom Punkt aus nach links – damit ist das Trapez auch in trockenen Tüchern. Sehen Sie, so schräg war das jetzt gar nicht.

Schritt 10:

Sie kommen in Form

Wir bleiben bei der Form des Dreiecks. Aus einem Grund, den ich nicht benennen kann, fällt es uns nämlich leicht, sich an dieser geometrischen Figur zu orientieren. Das habe ich schon häufig erfahren und beobachtet.

In diesem Beispiel könnten wir uns wie bei den Schritten zuvor mit der Suche nach Referenzstrecken und -punkten behelfen.

Doch wir fangen gleich mit den Dreiecken an. Zuerst mit denen, die wir auf den ersten Blick entdecken, dann mit solchen, die wir selber aussuchen.

„Wie, selber aussuchen?", höre ich Sie verschreckt fragen. Nur die Ruhe, ich zeige Ihnen natürlich, was ich meine.

Diese hervorgehobenen Dreiecke fallen einem praktisch sofort ins Auge.

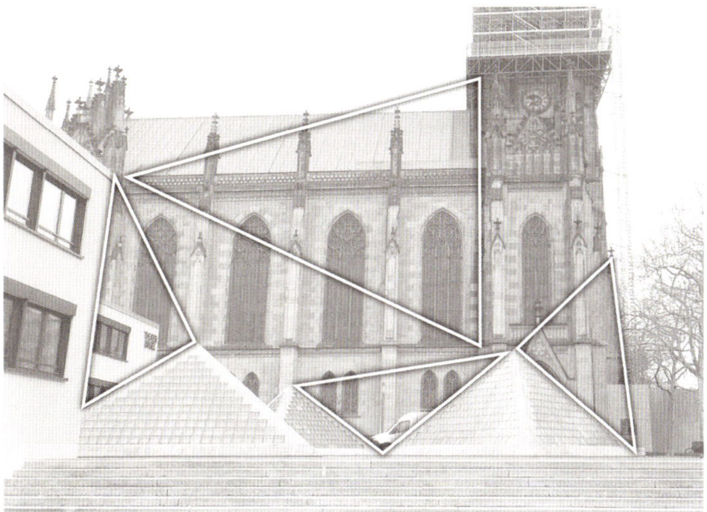

Bei diesen hier ist es etwas anders: Man muss sie bewusst entdecken. Es sind nur Beispiele, es ließen sich natürlich noch viele mehr ausmachen. Ich nenne diese Dreiecke Orientierungstriangel. Und diese dürfen Sie sich eben ganz frei selber aussuchen. Punkte gibt es in diesem Motiv zuhauf, entsprechend also auch jede Menge Dreiecke oder eben Orientierungstriangeln.

Bevor wir aber den nächsten konkreten Schritt tun, noch eine kleine Übung. Versuchen Sie einmal, diese Dreiecke auf ein Blatt zu übertragen. Aber nicht, indem Sie mit den Linien beginnen, sondern mit dem Setzen der jeweiligen drei Eckpunkte.

Versuchen Sie, die Linien erst in Ihrer Vorstellung zu zeichnen und setzen Sie dann die entsprechenden Eckpunkte.

Erinnern Sie sich noch an unseren gemeinsamen Schritt 4, das Verbinden von Punkten mit schwungvollen Strichen (siehe Seite 33)? Jetzt können Sie zeigen, wie gut Sie das geübt haben.

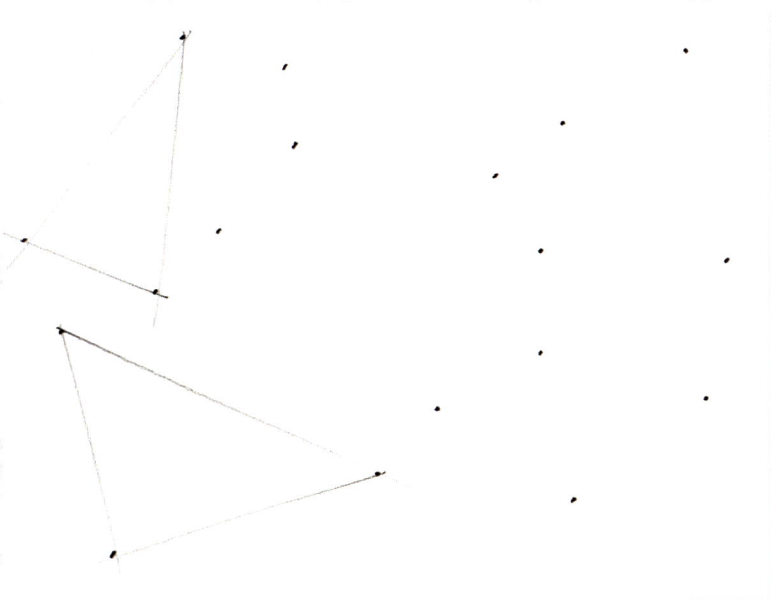

Machen Sie weiter so. Immer zuerst die Eckpunkte, dann folgen die Linien.

Ich hoffe, Sie werden merken, dass Sie die Dreiecke ganz gut hinbekommen. Wenn nicht, versuchen Sie es einfach noch ein wenig länger. Sie werden ein Gefühl dafür bekommen, glauben Sie mir.

Wir gehen weiter. Aus der Vorlage suchen wir uns das folgende, deutlich erkennbare Dreieck aus und übertragen es – wie gerade gelernt – auf unser Blatt. Sie merken, ich setze immer mehr Vertrauen in Sie!

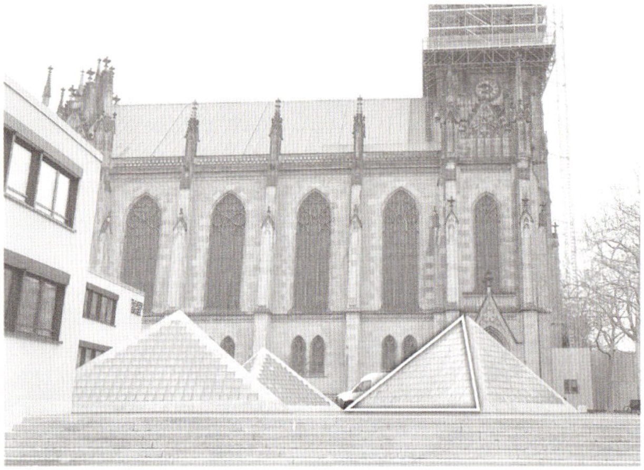

Platzieren Sie als nächstes auf dieselbe Art und Weise das kleinere Dreieck daneben. Hier genügt es allerdings, nur einen Eckpunkt zu setzen.

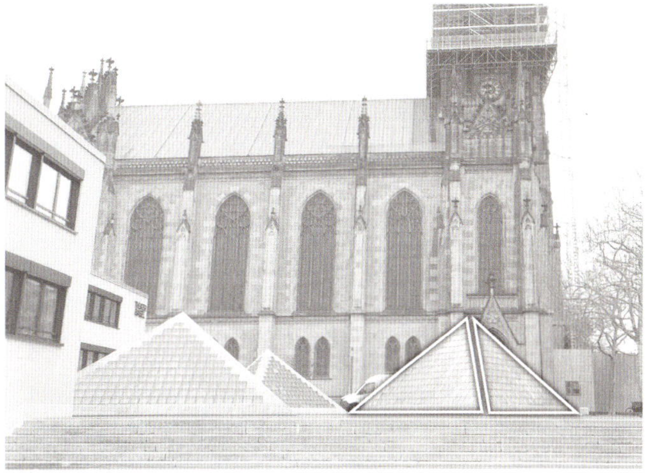

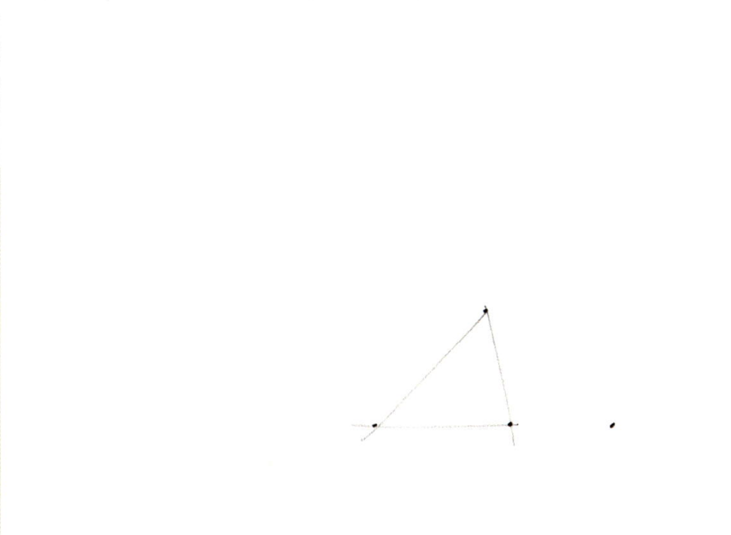

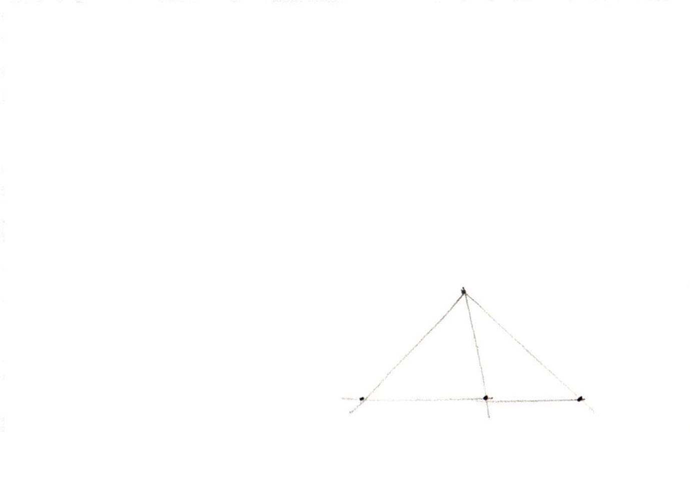

Und wenn Sie schon dabei sind, zeichnen Sie auch gleich das dritte Dreieck. Den Abstand zum ersten Dreieck ermitteln Sie mit der Ihnen nun bekannten Methode der Referenzstrecken.

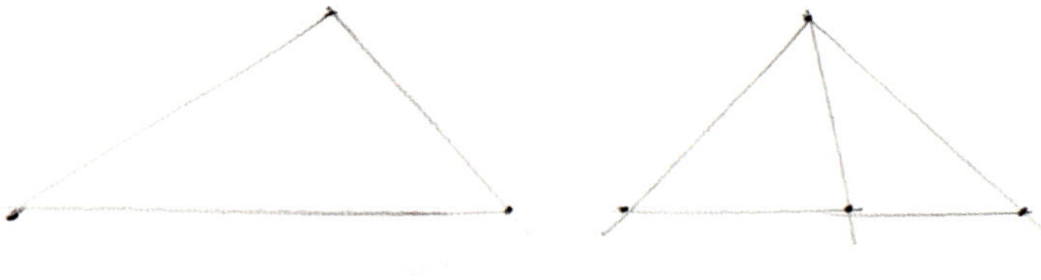

Jetzt suchen wir uns ein neues Dreieck. Diesmal ist es aber eines, das wir nur indirekt sehen. Auch hier genügt es, nur einen Eckpunkt zu setzen. Damit haben Sie einen neuen Referenzpunkt geschaffen.

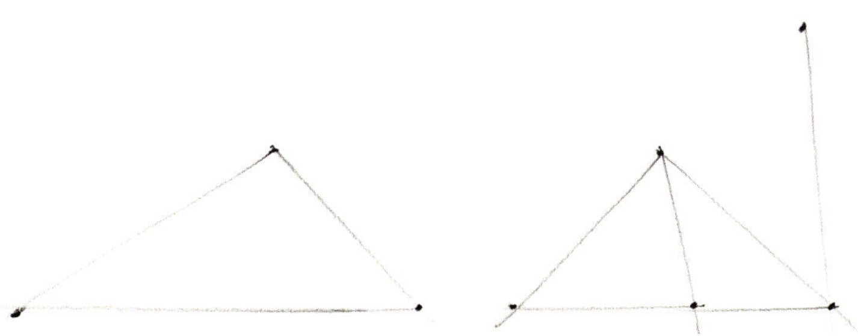

Denken Sie daran: Das ist meine Auswahl. Wahrscheinlich finden Sie noch ganz andere Dreiecke, an denen Sie sich orientieren können.

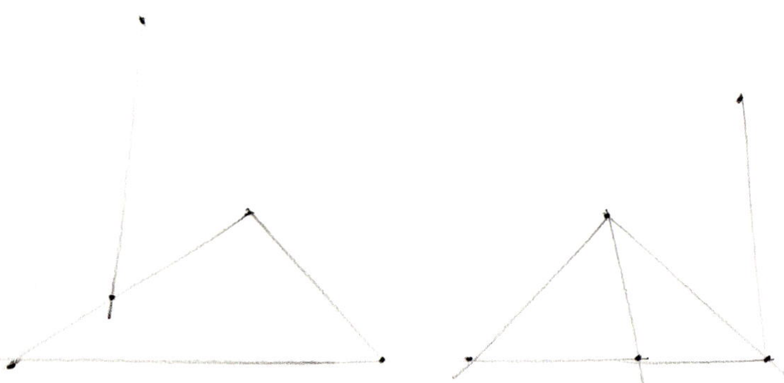

Machen Sie einfach weiter so. Suchen Sie ein neues Dreieck und ermitteln Sie eine neue Referenzstrecke mit dazugehörigem, neuen Referenzpunkt.

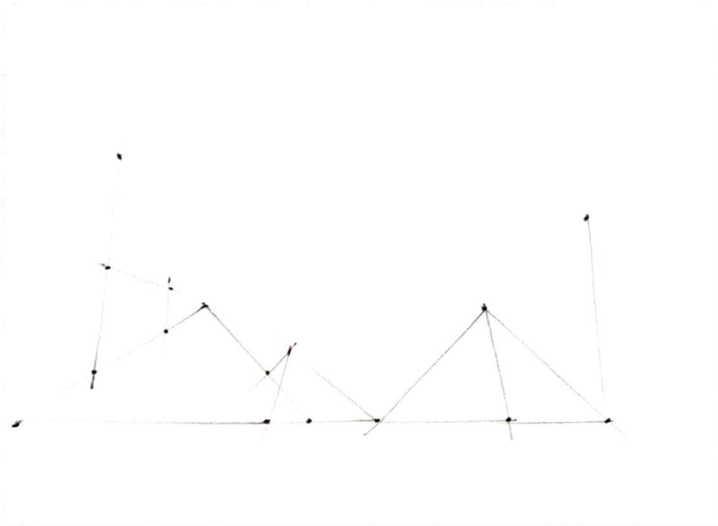

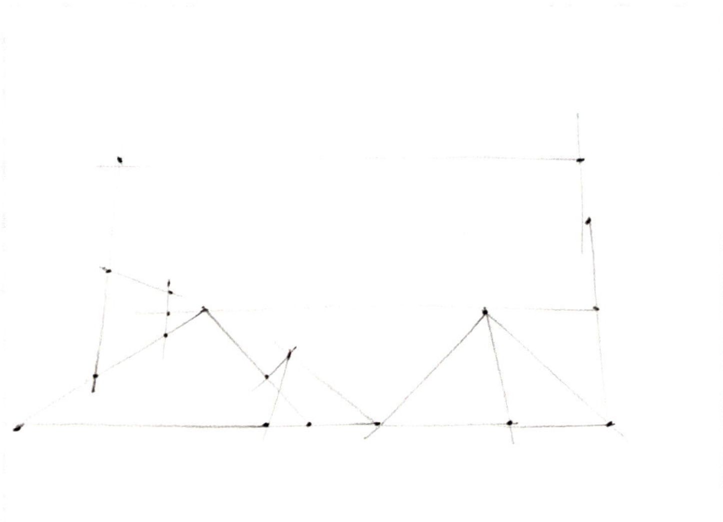

Wir hangeln uns somit von Punkt zu Punkt und von Strich zu Strich. In Kombination mit den bereits gelernten Abmessungstechniken sollte es Ihnen möglich sein, die restlichen Grundformen nun relativ bequem auf Ihr Blatt zu bekommen.

Ich könnte mir gut vorstellen, dass Sie jetzt gern eine Pause machen würden. Nur zu! Nehmen Sie sich eine Auszeit, genießen Sie Kaffee, Tee oder Kuchen und lassen Sie das bisher Gelernte ein wenig sacken.

Schritt 11:

Langsam kriegen Sie die Kurve

Jetzt runden wir unseren Spaziergang langsam ab, und zwar mit … genau! Mit gerundeten Linien. Diese haben gern die Angewohnheit, auf dem Blatt irgendwohin zu springen. Keine Angst, man kann sie bändigen.
Als Leitsatz gilt hier: Wir zeichnen das Runde erst, wenn wir alles Gerade haben. Wenn Sie das verinnerlicht haben, werden Sie auch herausfordernde Architekturen wie das hier abgebildete Vitra Design Museum in Weil am Rhein zeichnen können.

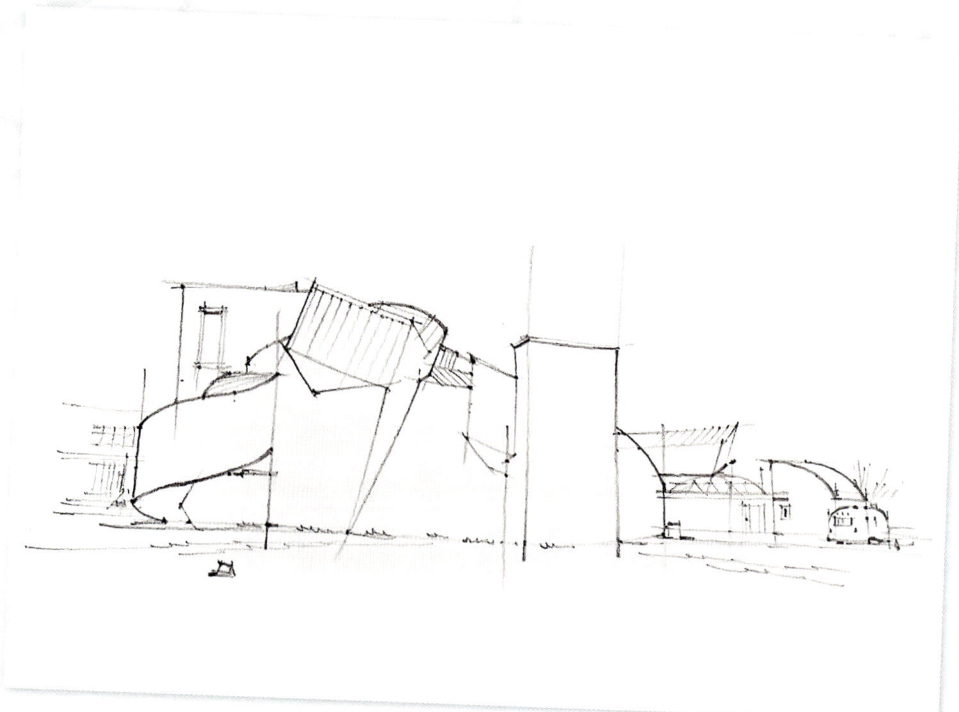

Lassen Sie uns zuerst ein paar Übungen absolvieren, damit Sie den Bogen richtig raushaben. Es gibt etliche Techniken, um korrekte Rundungen hinzubekommen, aber die meisten haben mit knochentrockener, perspektivischer Konstruktion zu tun, die wir in diesem Buch ja links liegenlassen. Okay, ich gebe zu, einige Schritte sind auch hier eher technischer Natur, aber sie werden Ihnen dabei helfen, das zu zeichnen, was Sie auch tatsächlich sehen.

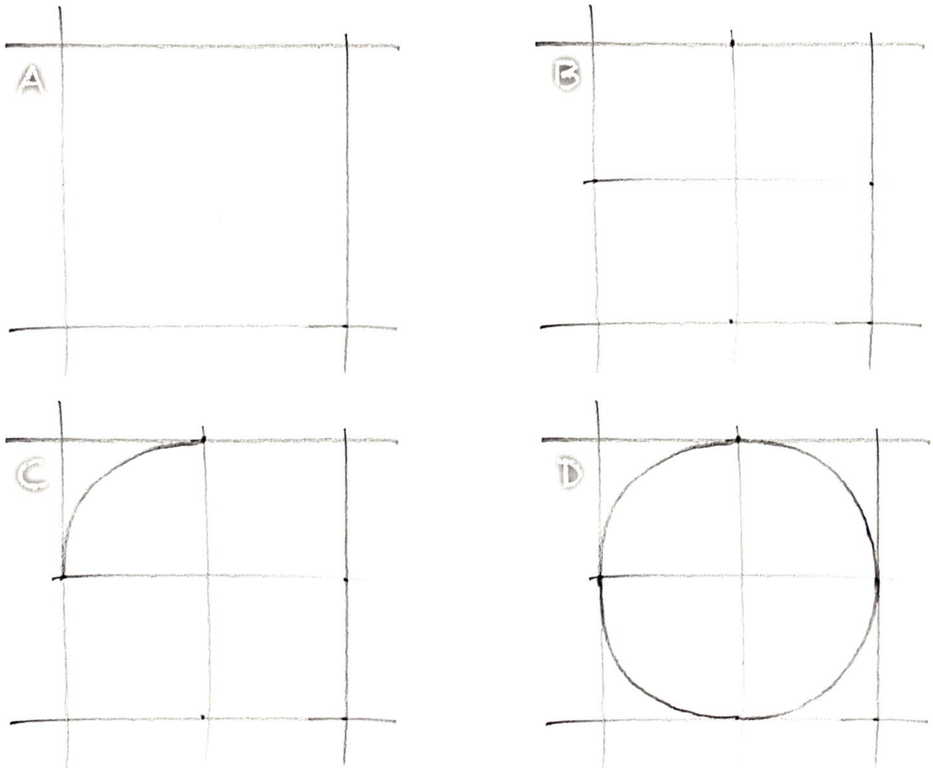

Zeichnen Sie ein Quadrat (A) und unterteilen Sie es in vier gleich große Quadrate (B). Verbinden Sie anschließend die mittigen Schnittpunkte an den Seiten miteinander (C). Versuchen Sie, einen schönen Kreis zu ziehen (D).

Vielleicht merken Sie bei den ersten Versuchen, dass Sie zu schnell und direkt auf den nächsten Punkt zielen, fast so, als sei dieser magnetisch. Dadurch wird Ihr Kreis eher unförmig. Probieren Sie, den Bogen schön weit ausholend zu zeichnen statt sich gleich auf den Schnittpunkt zu fokussieren. Üben Sie das, bis Sie einen einigermaßen korrekten Kreis hinbekommen.

Hier noch eine andere Übungsvariante. Zeichnen Sie mehrere unterschiedliche Rechtecke. Setzen Sie auf jede Seitenlinie einen Punkt – dort, wo Sie gerade Lust haben. Verbinden Sie diese Punkte wie in der Übung zuvor. Achten Sie hier besonders darauf, nicht gleich wieder auf den nächsten Punkt zu zielen. Bleiben Sie eher in der Nähe der Seitenlinie und lösen Sie den Strich erst dann von ihr, wenn Sie der nächsten Seitenlinie schon recht nah gekommen sind. Nach und nach bekommen Sie ein Gefühl dafür, eine harmonische Rundung zu zeichnen.

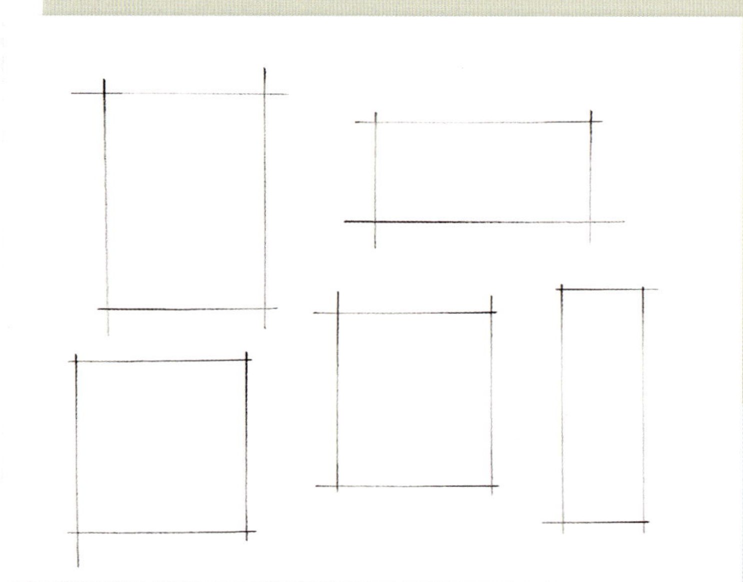

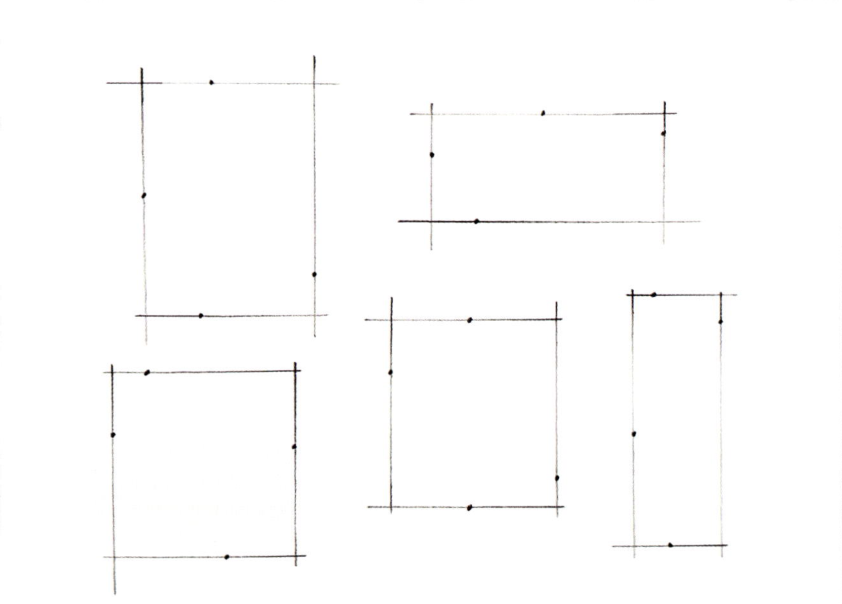

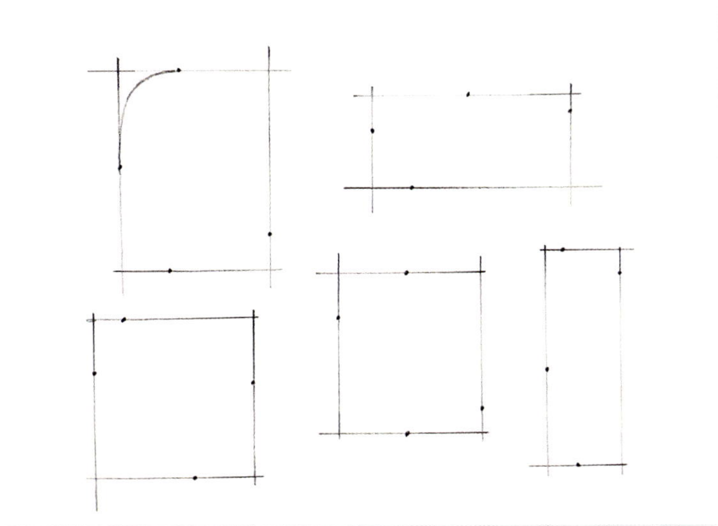

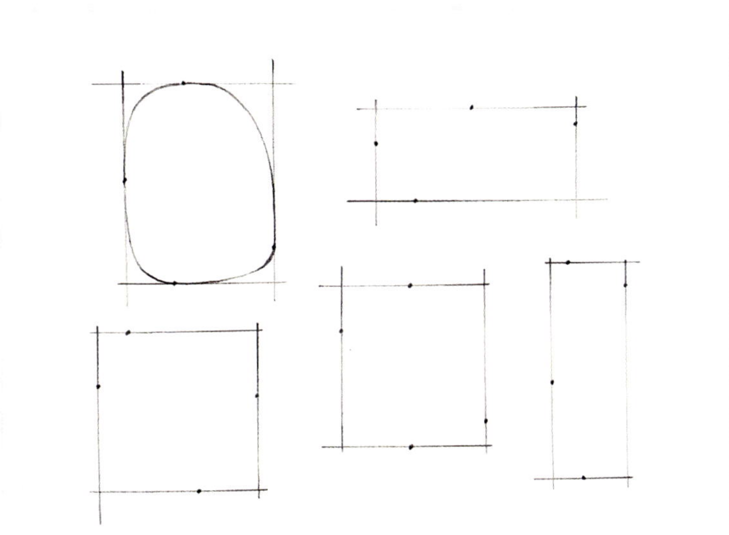

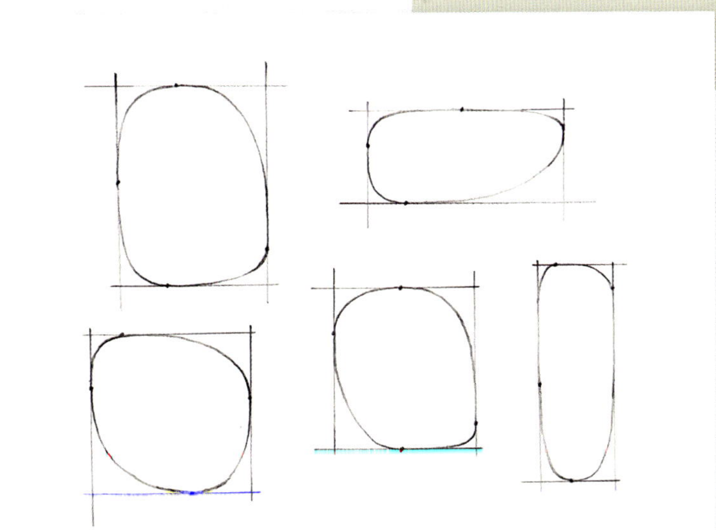

So, jetzt kommen wir zu unserem Gebäude.
Schauen Sie auf die Vorlage und fangen Sie an, diese mit den Ihnen inzwischen bekannten Techniken einzufangen, bis nur noch die Rundungen zu zeichnen sind.

Diese sollten jetzt ziemlich einfach zu finden sein, denn nun haben Sie etliche Referenzlinien und -punkte zur Verfügung.

Wenn wir die gerundeten Linien in der Vorlage betrachten, so sehen wir, dass diese die geraden Linien an bestimmten Stellen kreuzen. Und das ist doch schon mal ziemlich hilfreich!

Übertragen Sie also diese Schnittpunkte auf Ihre Zeichnung.

Im nächsten Schritt brauchen wir diese Punkte nur noch mit elegantem Schwung miteinander zu verbinden. Das Ergebnis: eine schöne Rundung statt aus dem Ruder laufende Striche. Ich vertraue Ihnen, Sie erinnern sich!

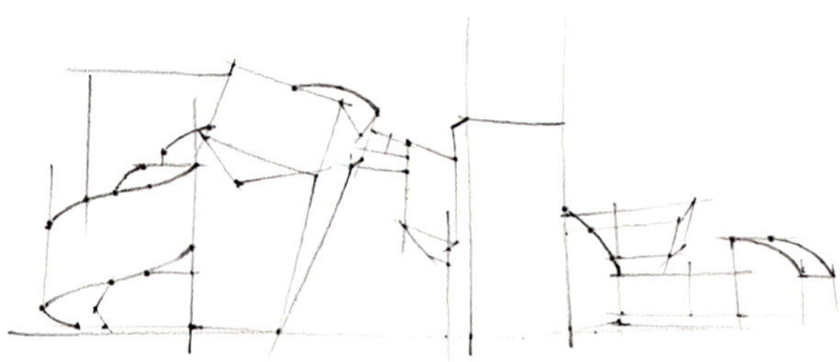

Es gibt allerdings auch Rundungen, die für sich alleine stehen. Wie diese Fensterbögen zum Beispiel. In diesen Fällen existieren meist keine geeigneten Überschneidungen, um Referenzpunkte zu setzen. Aber auch das kriegen wir hin!

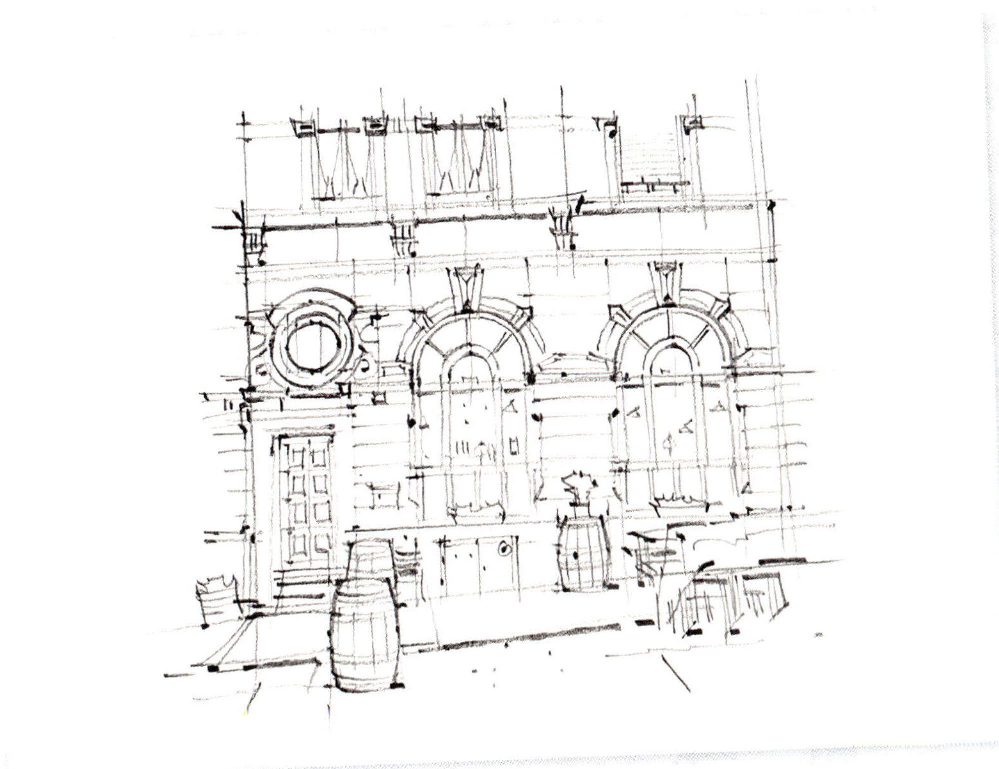

Und was zeichnen wir zuerst? Richtig! Zuerst die geraden Strecken, dann die Kurven. In diesem Beispiel bedeutet das, dass wir die Grundform der Fassade und die viereckigen Fensterrahmen zeichnen. Damit haben wir schon einmal genügend Referenzen.

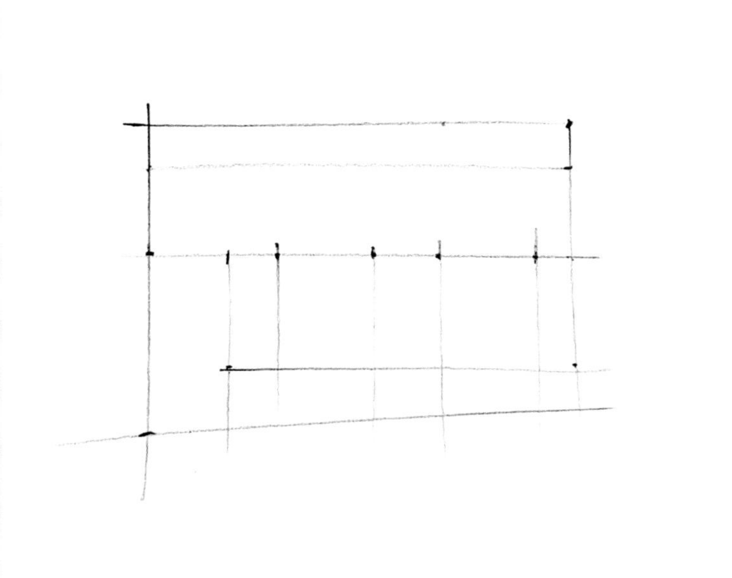

Jetzt suchen wir den Scheitelpunkt der halbkreisförmigen Fensterbögen. Erinnern Sie sich noch an das erste Dreieck in Schritt 9 (siehe Seite 59)? Hier suchen wir den höchsten Punkt des Bogens auf genau dieselbe Art und Weise.

Dieser Punkt ist von der oberen Waagrechten des rechteckigen Fensterrahmens genau gleich weit entfernt wie das rechte vom linken Fenster.

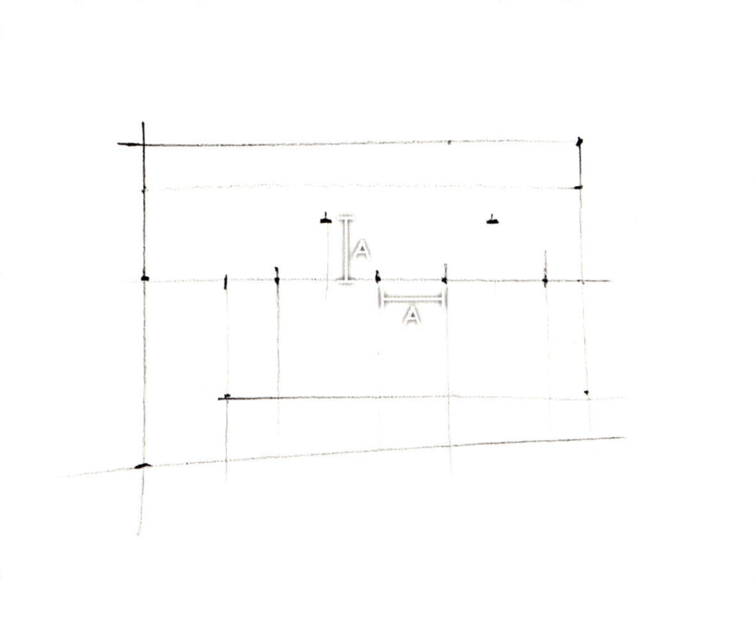

Übertragen Sie die so ermittelten Referenzpunkte in Ihre Zeichnung.

Nun können Sie die Bögen zeichnen. Und zwar genauso wie vorhin bei der ersten Übung.

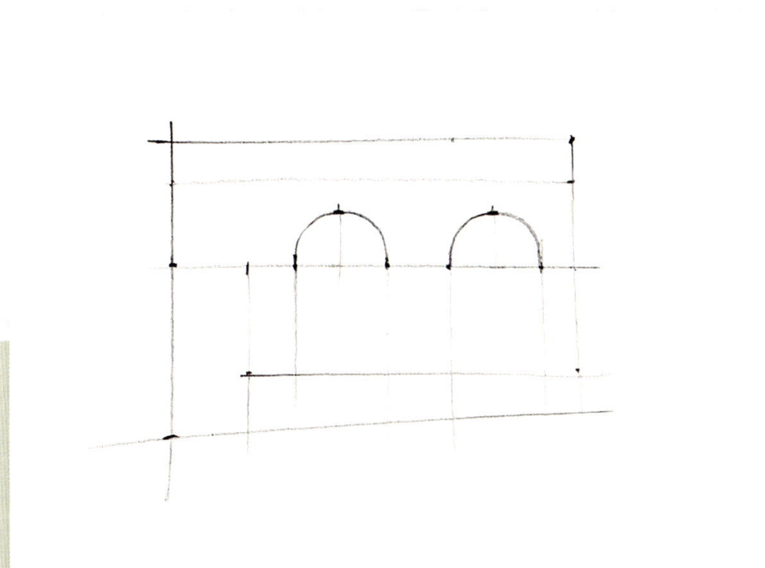

Die restlichen Rundungen lassen sich wie gewohnt finden. Abmessen, Referenzpunkte und -strecken suchen und Bögen ziehen.

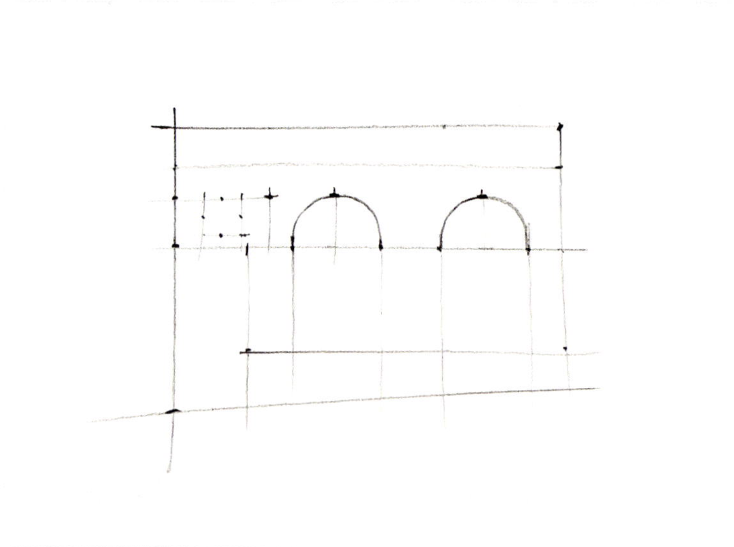

Sie haben es schon viele Male geübt: Verbinden Sie die Referenzpunkt mit schwungvollen Strichen zu einem schönen Kreis.

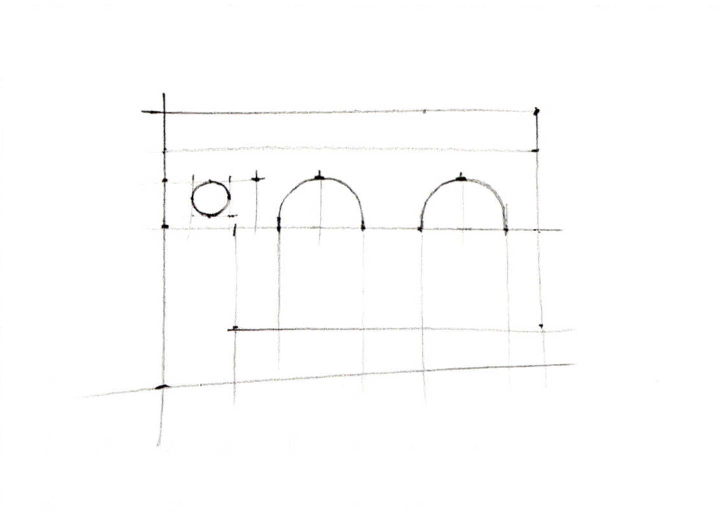

Der äußere Kreis dürfte Ihnen nicht mehr schwerfallen.

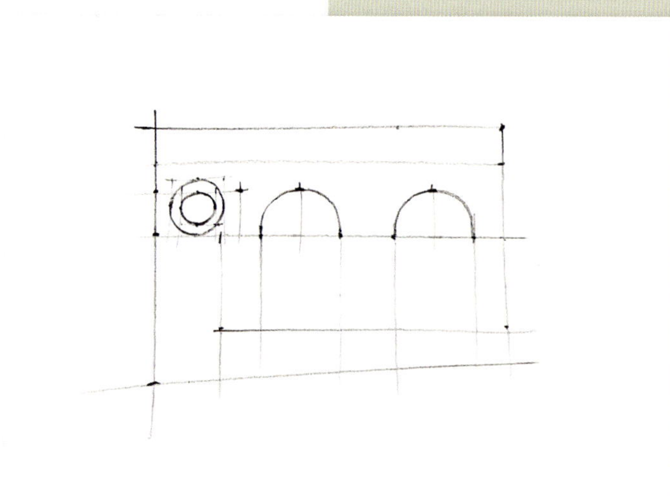

Das Fass auf der Straße vor dem Haus besitzt ebenfalls verschiedene Rundungen. Abmessen, Referenzen suchen und Bögen ziehen. Sollte eigentlich ganz gut klappen!

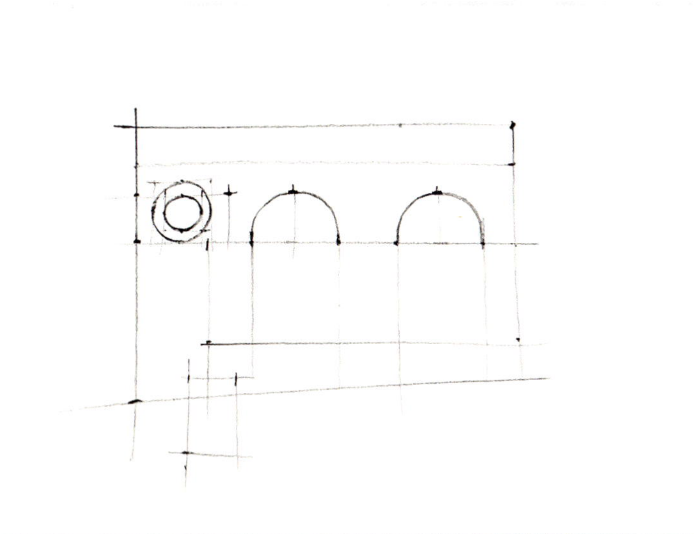

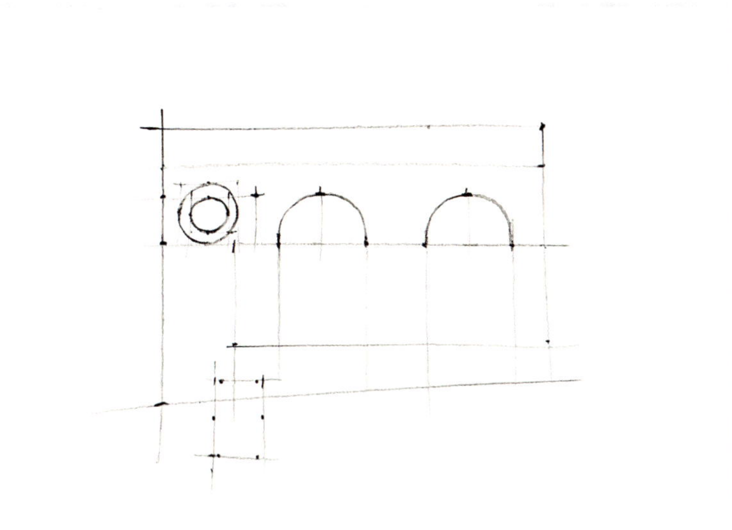

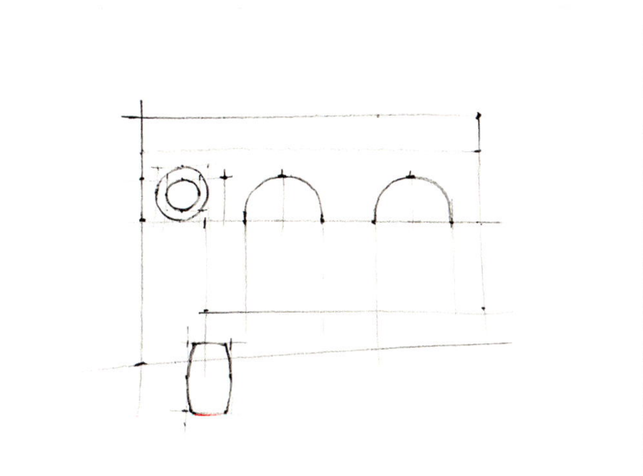

Schritt 12:

Gehen wir in die Tiefe

Erinnern Sie sich noch, was ich über die Perspektive geschrieben habe? Wir werden sie in diesem Buch nicht mit Hilfe von Fluchtpunkten konstruieren, sondern einen anderen Ansatz wählen.

Und wenn Sie bis jetzt aufmerksam mitgemacht haben, haben Sie bestimmt bereits eine Ahnung, was stattdessen folgt: Referenzpunkte, Grundformen, Dreiecke ...

Das Einzige, was ich Ihnen nahelegen möchte, wenn Sie etwas Perspektivisches zeichnen, ist Folgendes: Achten Sie darauf, dass sich Linien, die sich von Ihnen wegbewegen, in der Ferne immer aufeinanderzulaufen. Diese Linien enden schließlich alle in dem berüchtigten Fluchtpunkt, richtig. Aber diesen werden Sie bei den meisten Objekten, die Sie abzeichnen, nun mal leider nicht finden. Deshalb lautet meine simple Regel: Ist Ihr Blick nach oben gerichtet, bewegen sich Ihre Striche leicht zur oberen Mitte des Blattes. Schauen Sie nach unten, zielen Sie zur unteren Mitte.

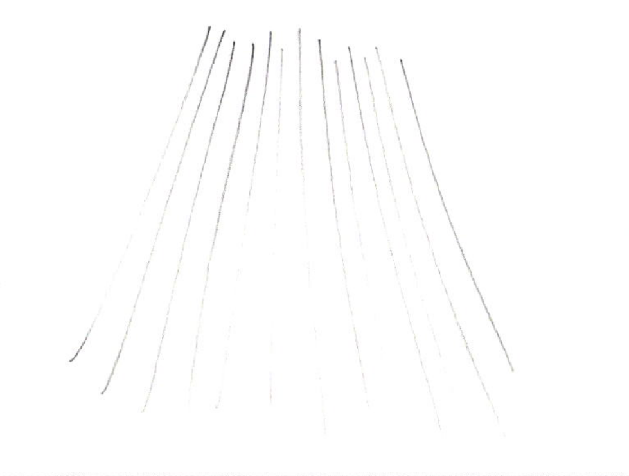

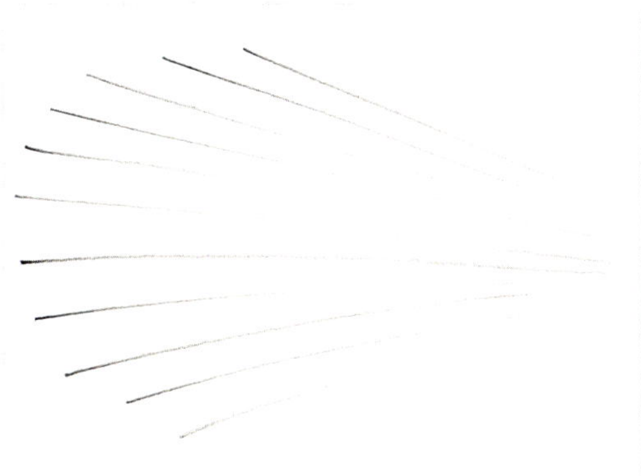

Genauso verhält es sich auch mit dem Blick nach links und rechts.

Opfern Sie ruhig ein paar Blätter Ihres Blockes, um ein paar solcher Linien zu ziehen. Fürs Gefühl, Sie wissen schon.

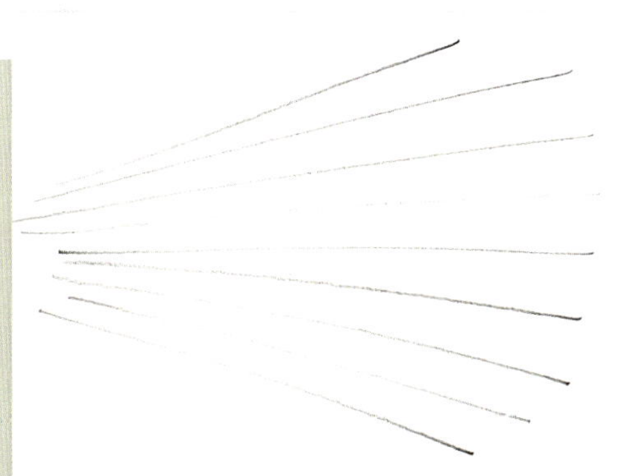

Die Gebäudevorlage in diesem Beispiel besitzt eine räumliche Tiefe – das heißt, unser Gehirn gaukelt es uns so „leider" so vor. Wir meinen, die rechte und linke Wand des Hauses führen in einen Hintergrund. In Wahrheit bestehen diese Wände aber nur aus flachen geometrischen Formen, genauer gesagt aus zwei Trapezen. Und diese finden wir auf genau die gleiche Art wie in den letzten Schritten, die wir schon zusammen gegangen sind.

Beginnen Sie also damit, das schmale Rechteck an der Stirnseite des Hauses für Ihre ersten Referenzen zu zeichnen.

Ermitteln Sie dann wie gewohnt auf beiden Seiten die senkrechten Linien. Wie Sie sehen können, zielen beide ein wenig in Richtung der oberen Mitte. Das bedeutet, die Linien werden immer schräger, je weiter links und rechts wir sie zeichnen. Bereits dadurch entsteht der erste Eindruck von Räumlichkeit.

Ich habe noch zwei zusätzlich Striche angehängt, um es besser zu veranschaulichen.

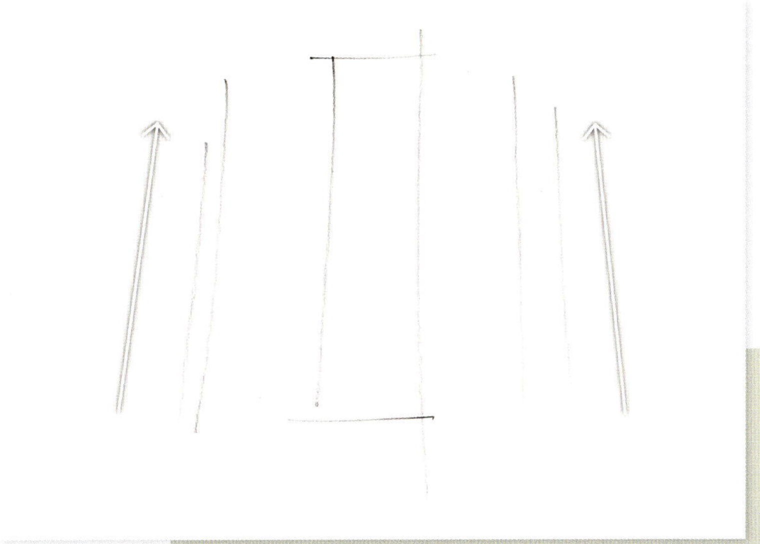

Die „hinteren" Eckpunkte an den beiden seitlichen Senkrechten des Gebäudes finden Sie, indem Sie auf der Vorlage einen imaginären waagrechten Strich vom linken oberen Eckpunkt des Trapezes bis hin zur linken Seitenlinie des mittigen Rechtecks ziehen. Der Schnittpunkt dient Ihnen als Orientierung zur Abmessung. Die Strecke von diesem Punkt bis zum Dach beträgt ein Drittel der gesamten Senkrechten.

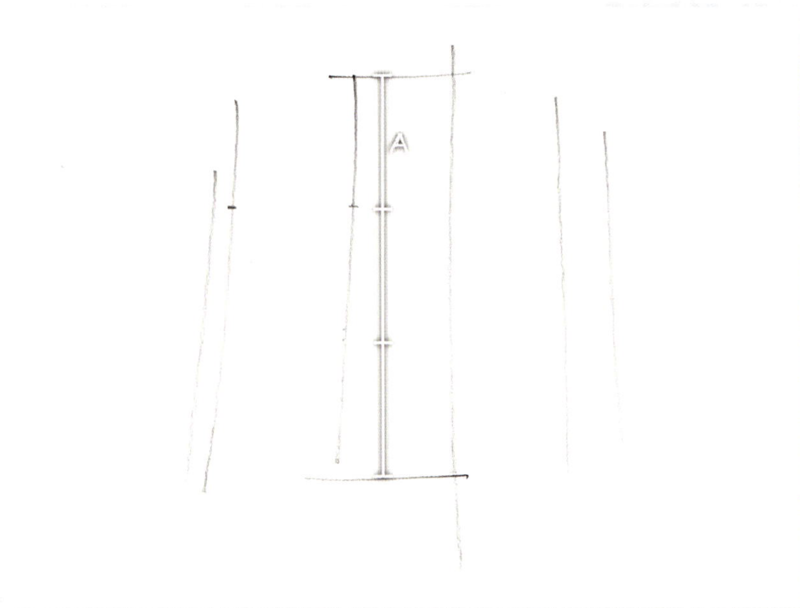

Übertragen Sie das auf Ihre Zeichnung. Führen Sie dann, ausgehend von dem ermittelten Schnittpunkt, Ihren Bleistift waagrecht bis zum linken Strich und setzen Sie dort erneut einen Referenzpunkt.

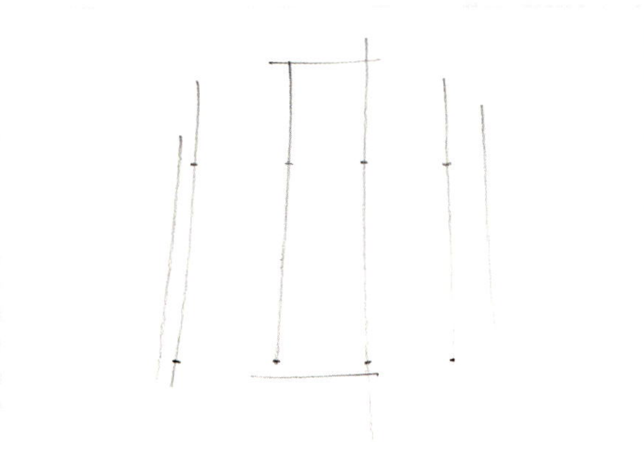

Wiederholen Sie das Procedere mit allen restlichen Ecken der beiden Trapeze.

Nun brauchen Sie die Punkte nur noch zu verbinden und haben damit aus flachen Trapezen ein dreidimensionales Gebäude gezeichnet.

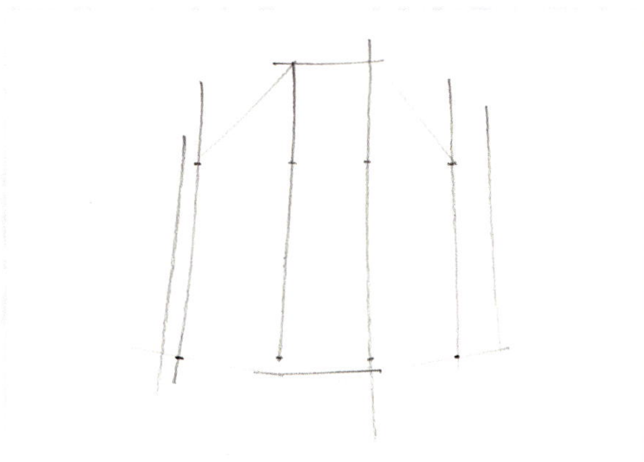

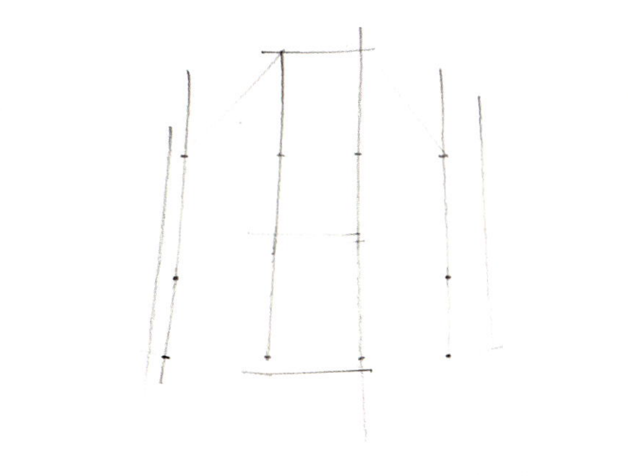

Fahren Sie fort, in dem Sie weitere dominante Formen und Linien zeichnen. Dank der neuen Referenzen sollte das keine allzu großen Schwierigkeiten mehr machen. Je mehr Referenzpunkte und -strecken Sie zeichnen, desto einfacher wird es, auch die kleineren Grundformen einzufangen.

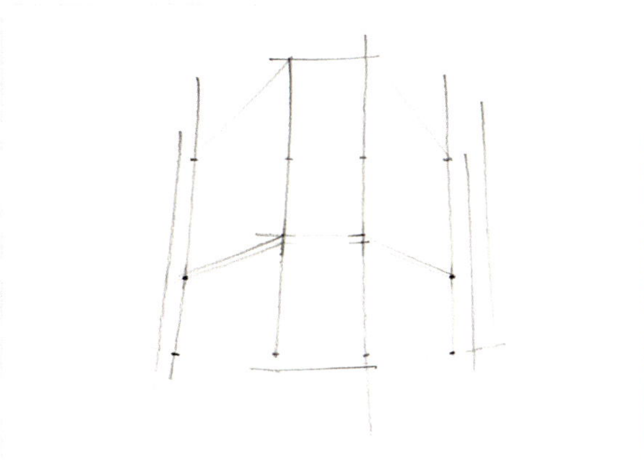

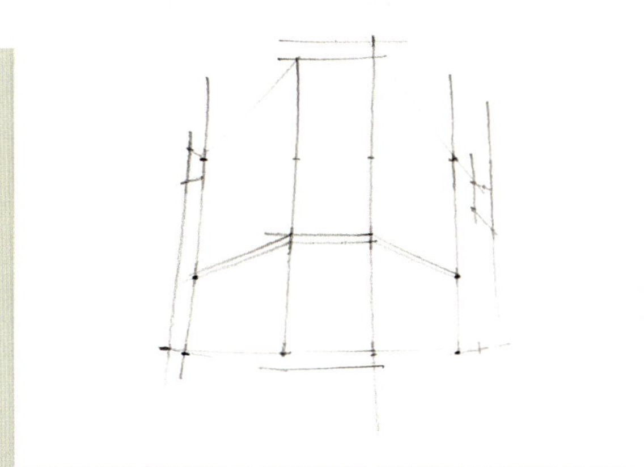

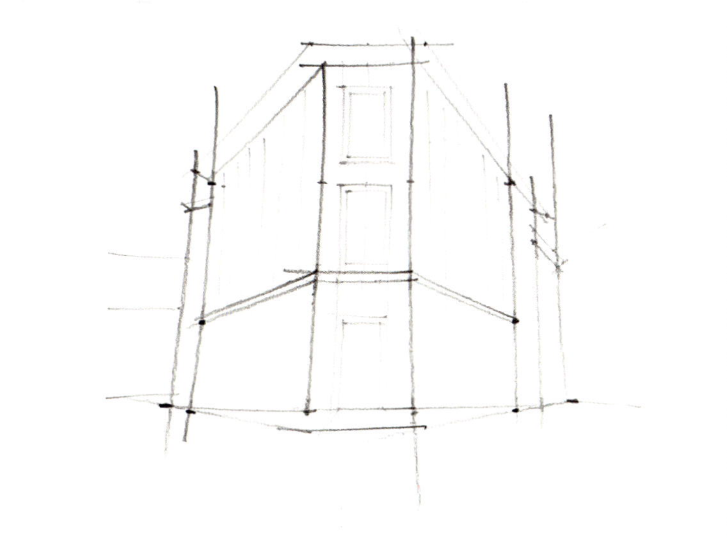

Schritt 13:

Jetzt wird's wild!

Nun gibt es aber auch Häuser in freier Wildbahn, die von formverrückten Büschen und Bäumen umgeben sind. Und die besitzen leider keine schnurgeraden Linien. Wie schaffen wir es, Baum und Strauch zeichnerisch zu zähmen?

Indem wir sie einfangen. Und das ist weder gefährlich noch schwer.

Wie beim Zeichnen gerundeter Linien (siehe Seite 72ff.) gilt es zuerst, alles Gerade festzuhalten. Das haben Sie in der Zwischenzeit bestimmt gut im Griff.

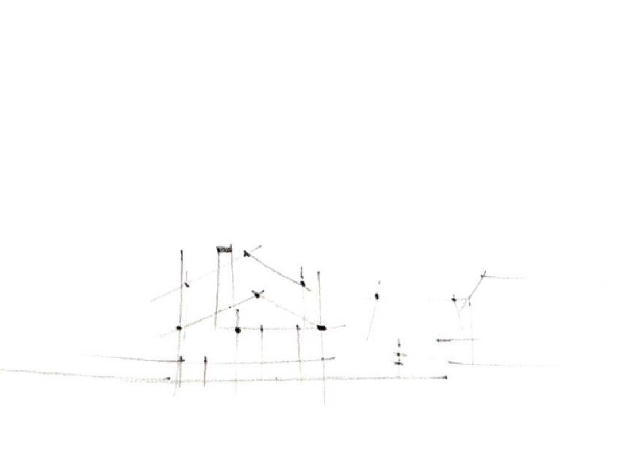

Betrachten wir in der Vorlage die Bäume und Sträucher rund um das Haus, so besitzen diese zwar einen mäandernden Umriss, haben aber trotzdem auch eine maximale Breite und Höhe. Diese gilt es abzumessen.

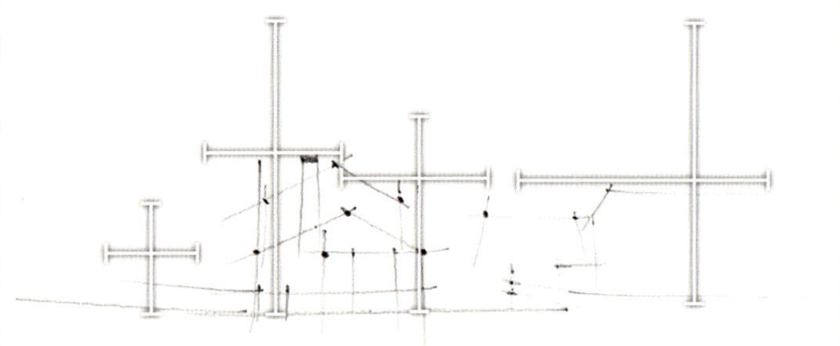

Bedienen Sie sich der gewohnten Methode und übertragen Sie Ihre Abmessungen auf Ihr Blatt.

Sie erhalten zusätzliche Referenzpunkte und -strecken.

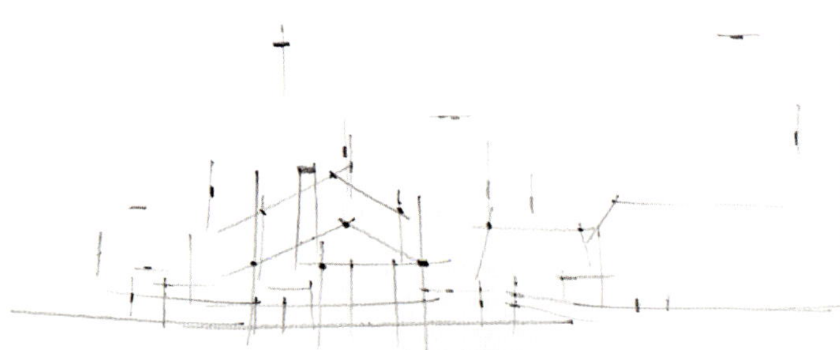

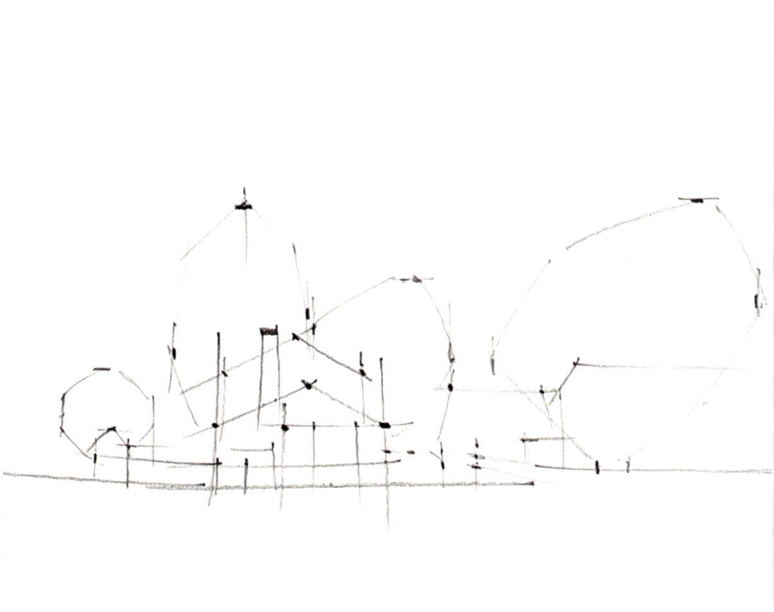

Aus diesen ergibt sich eine Art Umzäunung, innerhalb der sich der Wildwuchs bewegt.

Die restlichen Sträucher und Bäume lassen sich sich nun ohne größere Schwierigkeiten einfangen.

Das wiederholen Sie, bis alle Formen „eingezäunt“ sind. Fertig!

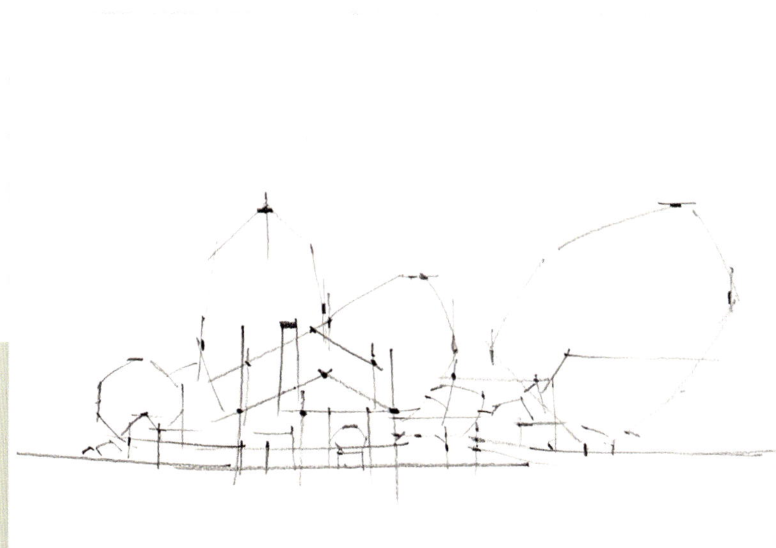

Schritt 14:

Die Freude liegt im Detail

Oftmals hofft oder erwartet man von einer Zeichnung, dass sie von Anfang an nach etwas Schönem aussieht. Aber das tut sie in den meisten Fällen leider nicht wirklich, wie Sie auf den vorherigen Seiten sehen und erleben konnten. Das birgt die Gefahr, dass einen die Motivation rasch im Stich lässt.

Ich gebe zu, all die vorangegangenen Übungen und Techniken sind ja auch nicht wirklich mit freudigen Purzelbäumen zu vergleichen. Es ist wie beim Kochen: Bei der Zubereitung eines leckeren Gerichts kommt man nicht umhin, auch im Voraus das „Mise en place" zu erledigen. Der Begriff passt hier sehr gut, denn „Mise en place" bedeutet nichts anderes als „Bereitstellen", und das haben wir mit dem Anlegen unserer ganzen Grundformen und -linien zuvor nämlich getan.

Der eigentliche Geschmack beim Kochen kommt mit den Gewürzen. Beim Zeichnen sind diese Gewürze die Details – sie kommen zum Schluss. Also lassen Sie sich nicht entmutigen, wenn der Weg bis hierhin vielleicht mühselig und streckenweise sogar langweilig war. Je mehr Übung Sie haben, desto freier werden Sie später zeichnen können. Die Übung fördert den intuitiven Strich mehr als befreites Gekritzel.

Schreiten wir also zur Würze!

Anfos
Drachen

Haben Sie erst einmal die ganzen Grundformen der Vorlage beisammen, können Sie sich relativ frei und kreativ auf die Details stürzen.

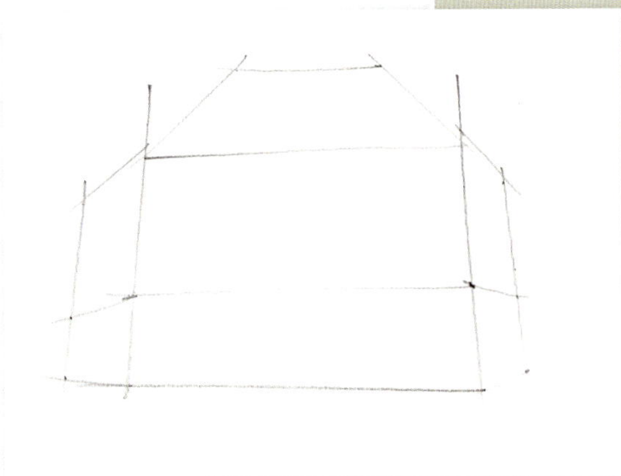

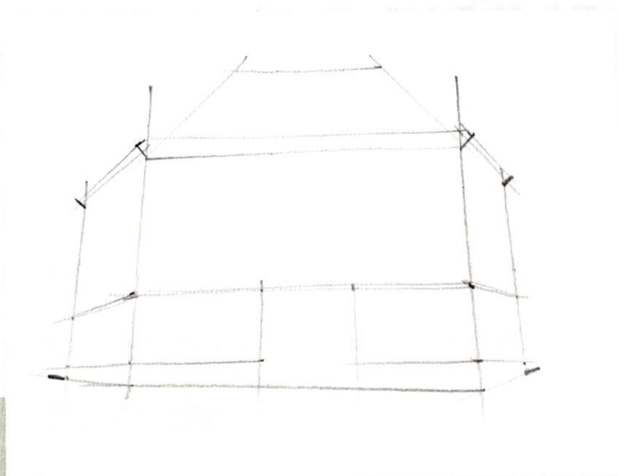

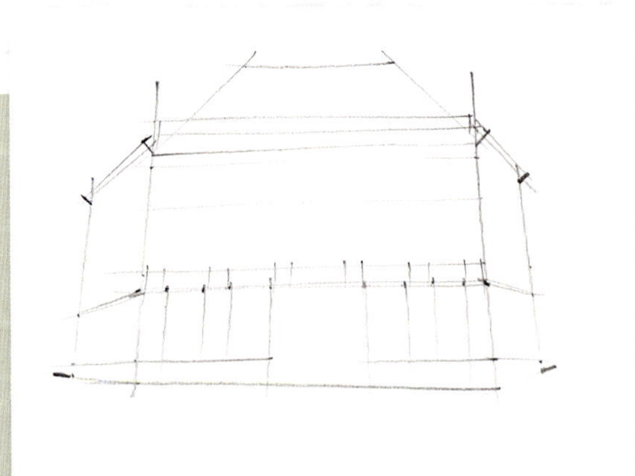

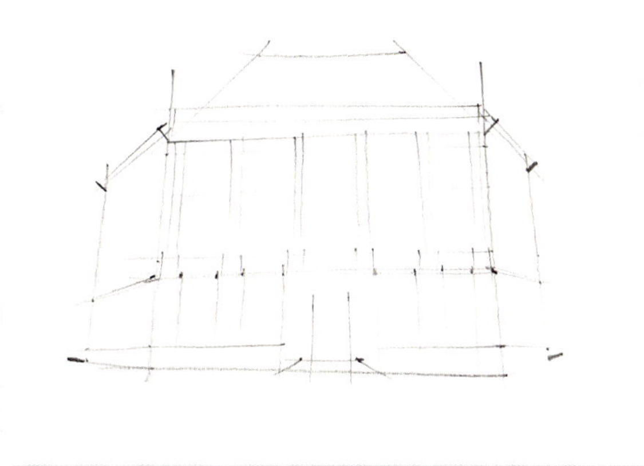

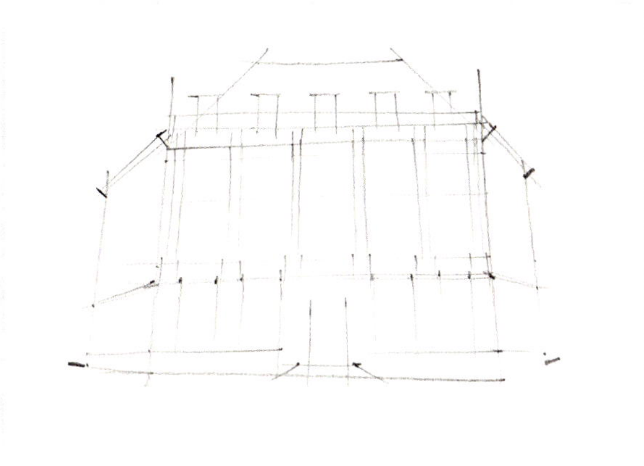

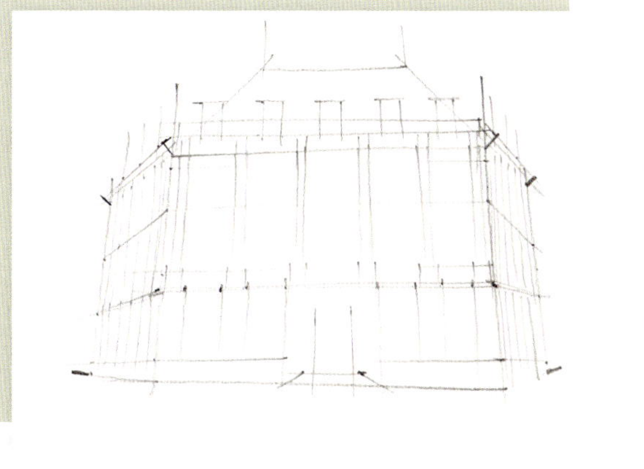

Aber Achtung! Verlassen Sie sich auch weiterhin auf Referenzstrecken und -punkte. Wir bewegen uns wie gewohnt vom Groben zum Feinen vor. Gewürze schüttet man ja auch nicht becherweise ins Essen, sondern geht sachte vor. Sie werden merken: Je genauer Sie das beherzigen, desto sicherer und auch freier wird Ihr Strich. Das mag paradox klingen, stimmt aber.

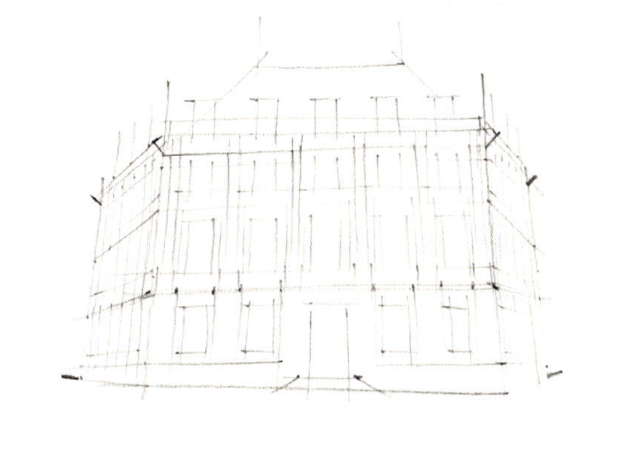

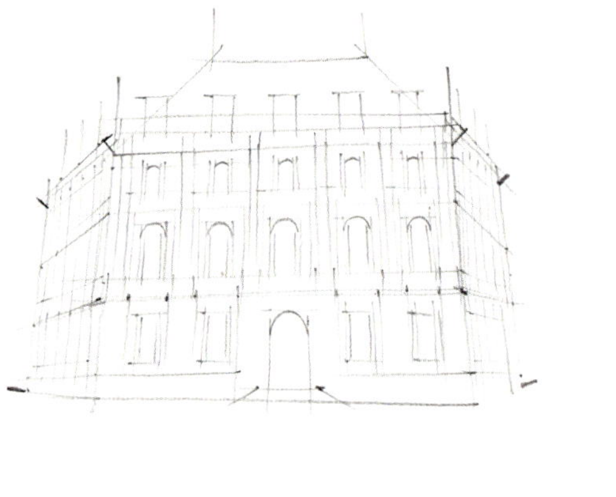

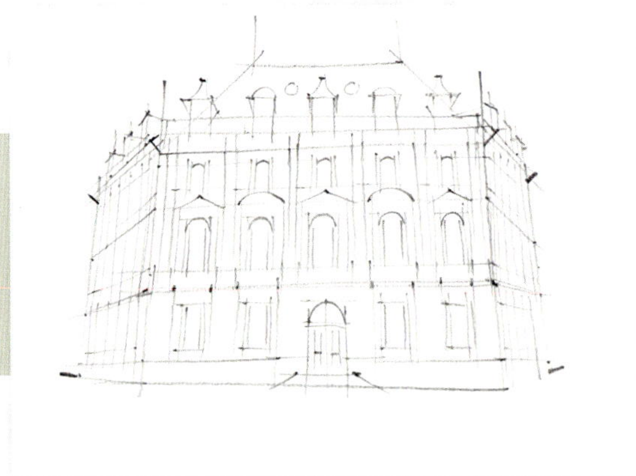

Scheuen Sie sich nicht, über bereits gesetzte Striche zu zeichnen, falls diese durch ein Detail führen. Radieren Sie diese Striche nicht weg, das wäre schade. Sie wissen ja, unser Gehirn spricht bei der Betrachtung ein Wörtchen mit. Es fokussiert das, was gesehen werden soll und löscht dasjenige weg, was gerade nicht wichtig ist.

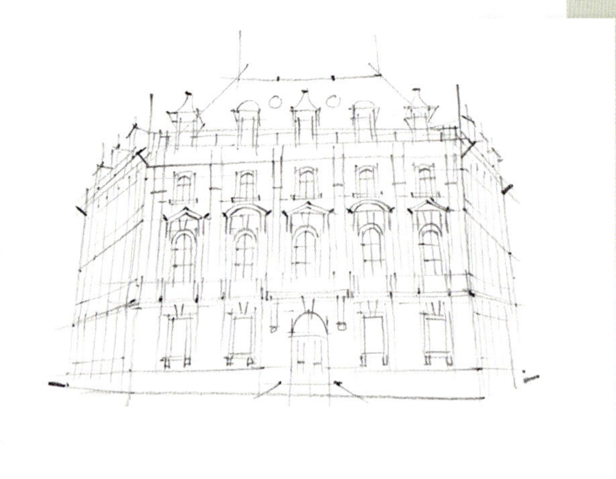

Wie ich bereits am Anfang dieses Buchs schrieb, radiere ich an meinen Skizzen grundsätzlich nicht herum. Man „sieht“ am Ende also jeden einzelnen Strich, den ich gezeichnet habe. Trotzdem entsteht beim Betrachten nicht der Eindruck eines Durcheinanders, sondern es wird – so hoffe ich jedenfalls – ein harmonisches Gesamtbild vermittelt, in dem jedes Detail trotzdem für sich stehend erkennbar ist. Hier entpuppt sich unser Gehirn wieder als äußerst trickreich.

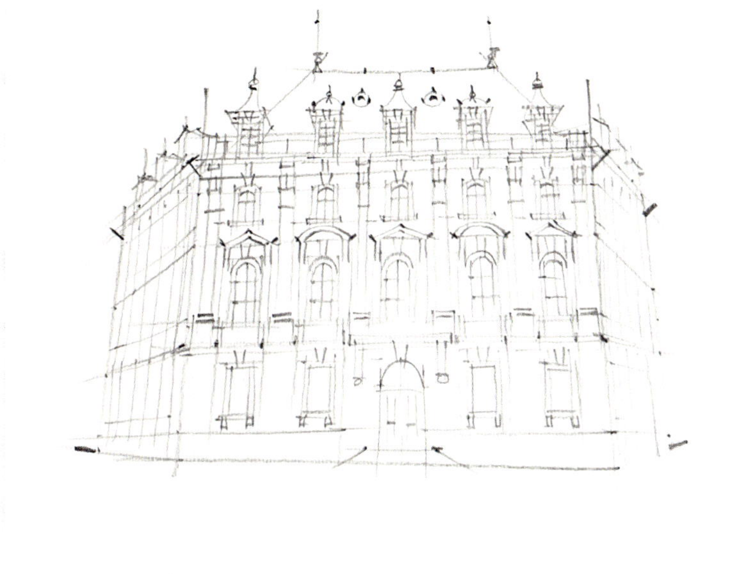

Außerdem hilft uns jede gezeichnete Linie bei der Orientierung. Beim Radieren beraubt man sich in gewisser Weise auch seiner „Landkarte“.

Um der Zeichnung noch mehr „Griffigkeit“ zu verleihen, setzen Sie Akzente, indem Sie mit der Strichdicke und Sättigung spielen.

Befindet sich etwas weiter im Hintergrund, zeichnen Sie es feiner und mit dünneren Linien. Dinge im Vordergrund zeichnen Sie dagegen kräftiger und mit dickerem Strich.

Um außerdem den Effekt einer gewissen Körperlichkeit zu erzielen, setzen Sie an Stellen, an denen kein Licht hinfällt, kräftigere Striche.

Bei meinen Zeichnungen fällt Ihnen vielleicht auf, dass diese zum Rand hin gröber und weniger detailreich werden. Das heißt aber nicht, dass es bei Ihnen genauso sein sollte. Lassen Sie sich ab jetzt einfach von Ihrem Gefühl leiten. Mit den Details führen wir das Auge der Betrachtenden – und zwar dorthin, wo es uns am liebsten ist. Gefällt Ihnen also eine Stelle im Motiv ganz besonders, dürfen Sie ihr auch mehr Aufmerksamkeit und Mühe schenken.
In der Wahl der Details sind Sie frei. Stört Sie zum Beispiel eine Straßenlaterne im Vordergrund, lassen Sie sie einfach weg. Verdecken ein Schild, Autos oder Passanten eine hübsche Tür, setzen Sie das störende Element einfach weiter daneben. Es ist Ihre Zeichnung, der Bleistift tanzt nach Ihrer Pfeife.

Unter Beobachtung

Der Blick über die Schulter

Damit sind wir auch schon am Ende unseres gemeinsamen Spaziergangs angelangt. Von hier aus lasse ich Sie allein weiterziehen, oder besser gesagt weiterzeichnen.

Ich hoffe, Sie hatten bis hierhin Freude und dass einige meiner Ausführungen hilfreich für Sie waren.

Falls Sie mir aber doch noch ein bisschen Gesellschaft leisten wollen, lade ich Sie auf den folgenden Seiten dazu ein, mir beim Zeichnen über die Schultern zu schauen. Ganz nach dem Motto: Bilder sagen mehr als Worte. Durch das stille Beobachten, wie andere Kunstschaffende Ihre Werke umsetzen, habe ich selber viel gelernt und eigene Schlüsse ziehen können, die mir geholfen haben, meinen eigenen Weg zu finden.

Also viel Spaß beim Gucken – und beim Weiterzeichnen!

Das steile Knusperhäuschen

Dieses Fachwerkhaus ist ein märchenhafter Anblick, wirkt mit seinen vielen perspektivischen Herausforderungen jedoch auch wie ein zeichnerischer Albtraum. Aber das schreckt uns jetzt nicht mehr ab. Beherzigen wir die vorangegangenen Schritte, gelingt uns bei diesem Motiv garantiert ein Happy End.

1

2

3

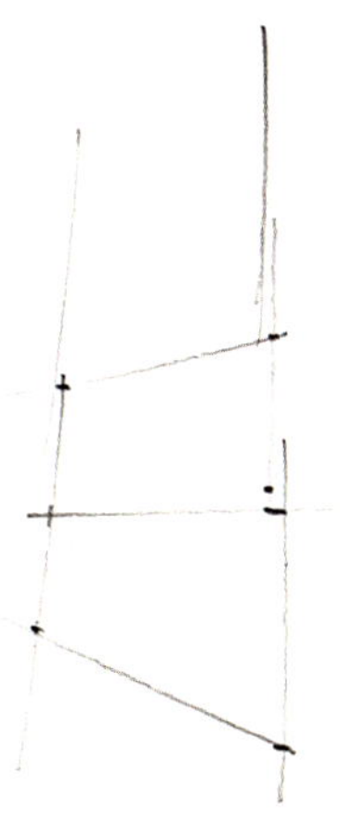

4

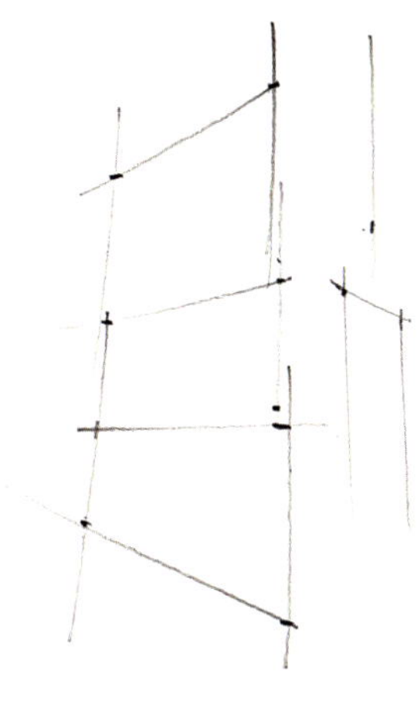

5

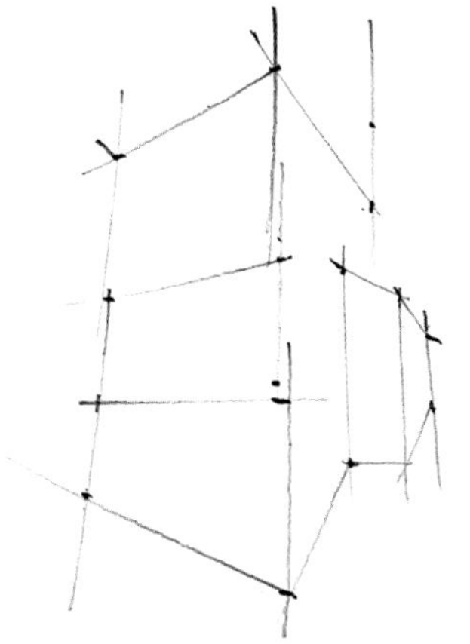

6

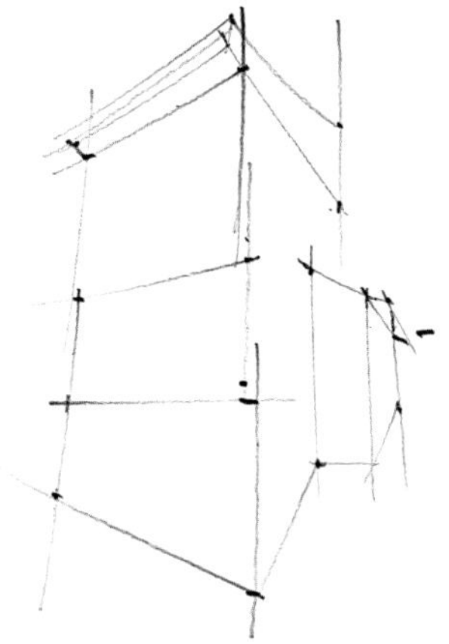

7

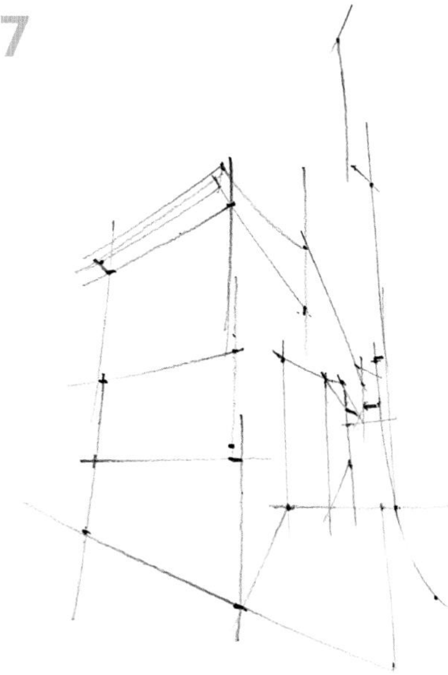

8

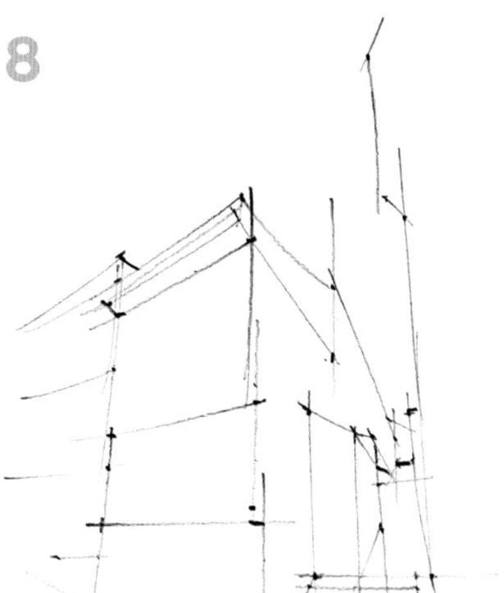

9

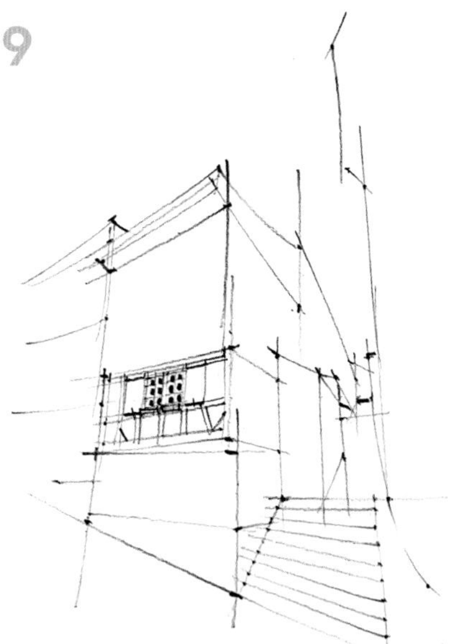

10

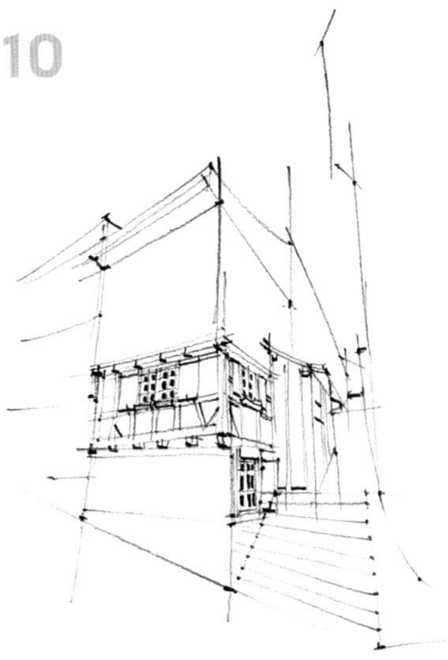

11

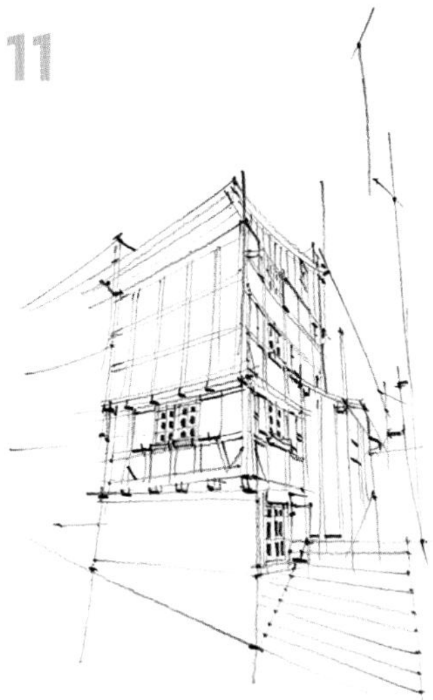

12

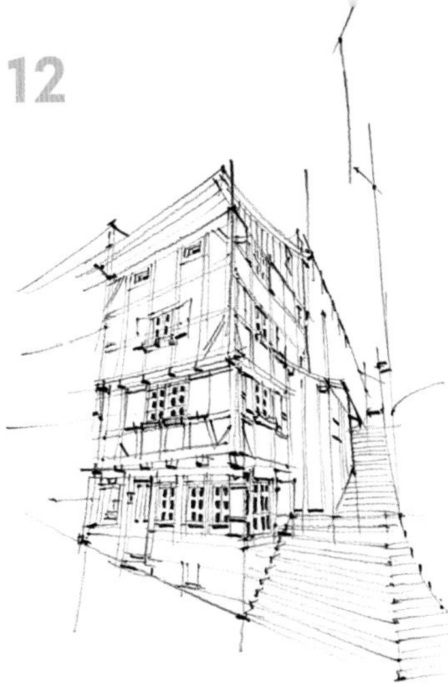

13

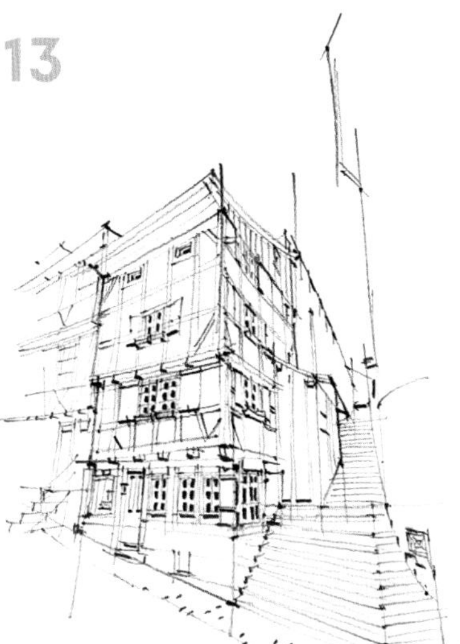

14

Die Häuserbande

Diese charmante Gruppe lädt förmlich dazu ein, sie einzufangen. Und wie Sie sehen, muss auf eine Zeichnung nicht alles drauf, was man sieht. Der aufdringliche Kabelmast im Vordergrund wird geflissentlich ignoriert.

1

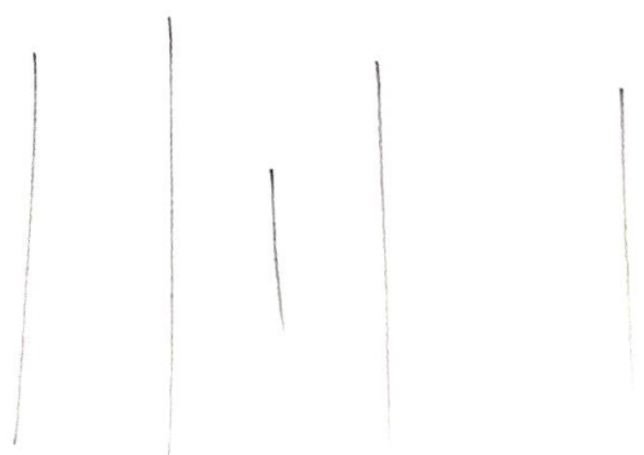

2

3

4

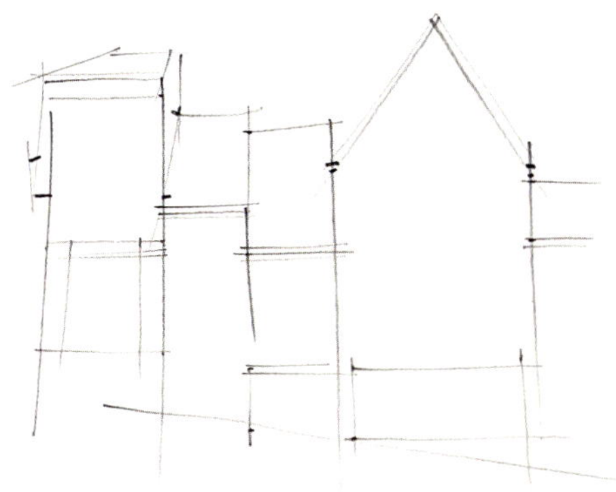

5

6

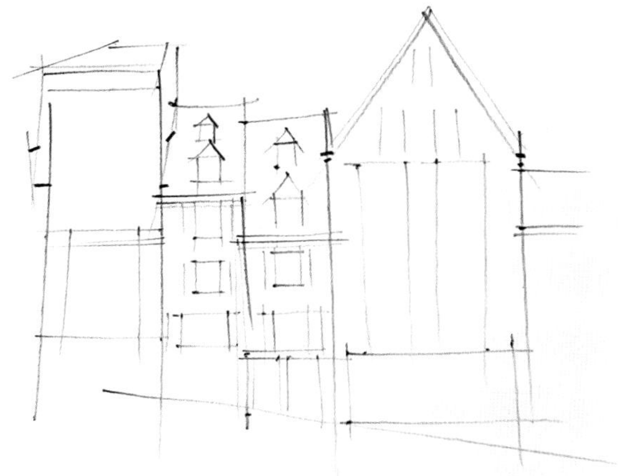

7

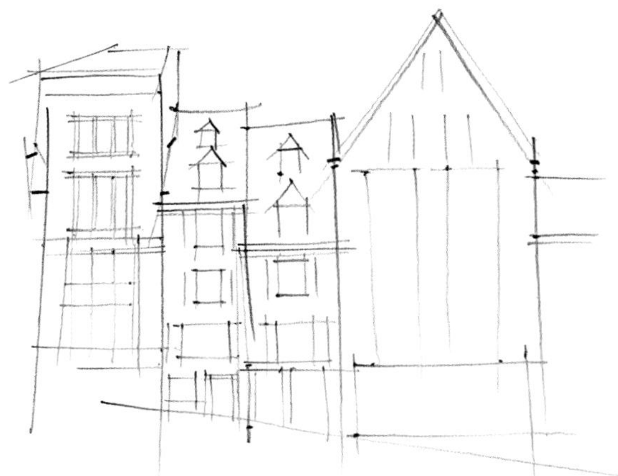

8

9

10

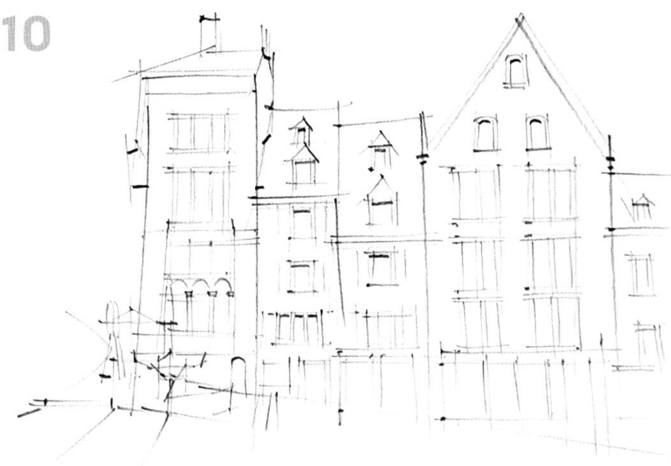

11

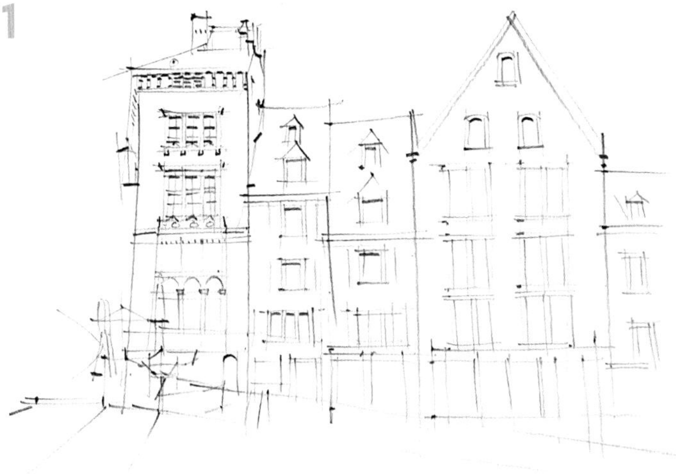

12

13

14

15

Das entfaltete Haus

Irgendwie wirkt dieses Haus auf mich wie ein nicht fertig zusammengeklebter Bastelbogen. Darum eignet es sich auch ganz hervorragend, um das Zeichnen der Grundformen zu üben. So kriegen wir auch dieses Gebäude locker um die Ecke gezeichnet.

1

2

3

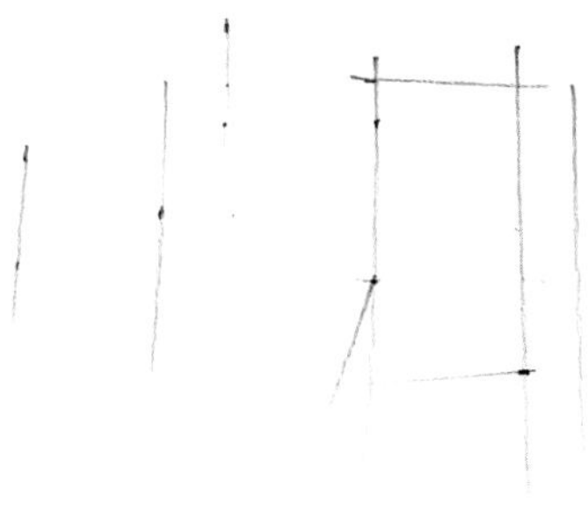

4

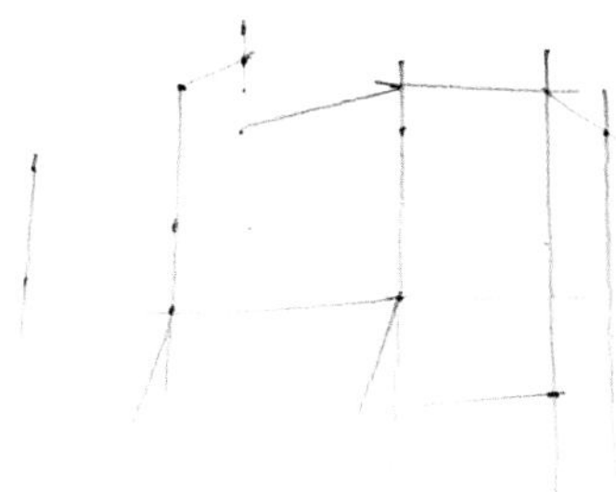

5

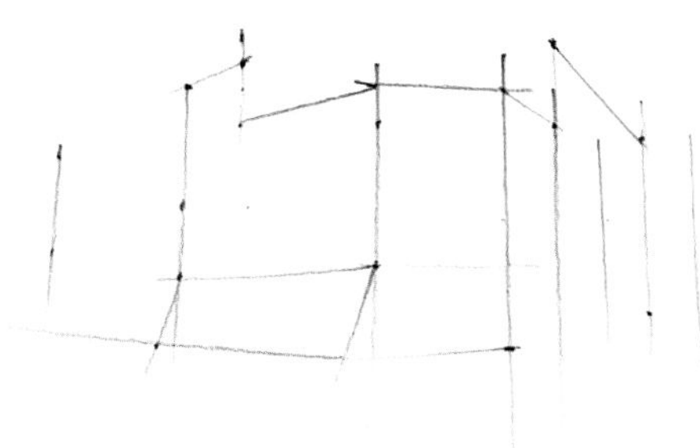

6

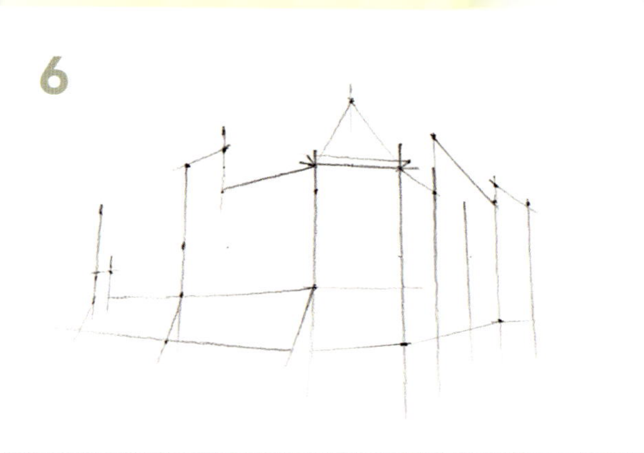

7

8

9

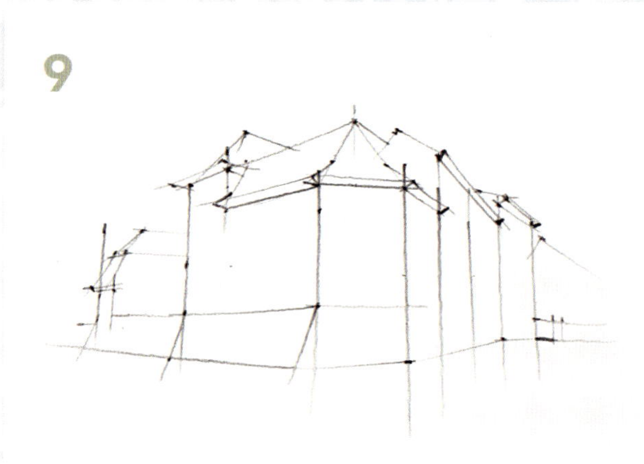

10

11

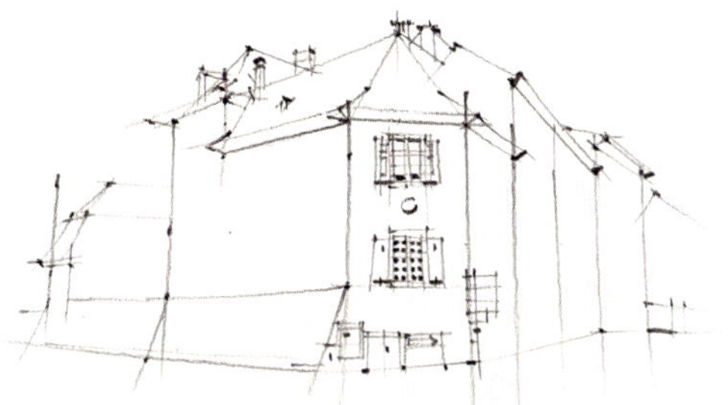

12

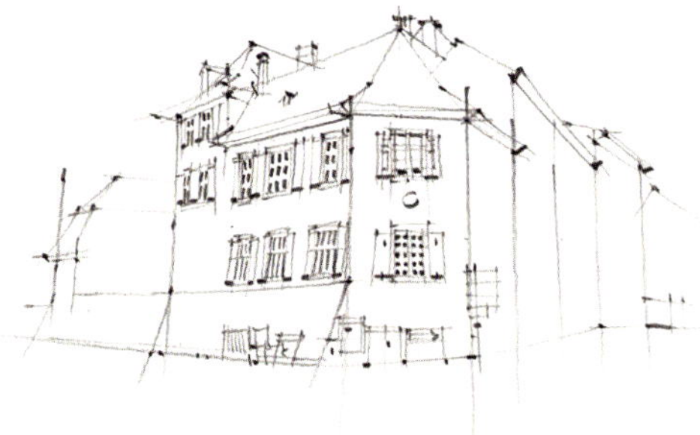

13

4

15

Haus mit Durchblick

Und den haben wir langsam auch. Die vielen Details schrecken uns nicht mehr. Wir halten zuerst Ausschau nach dem Ganzen, dann gelingt uns auch der Blick für die Kleinigkeiten.

1

2

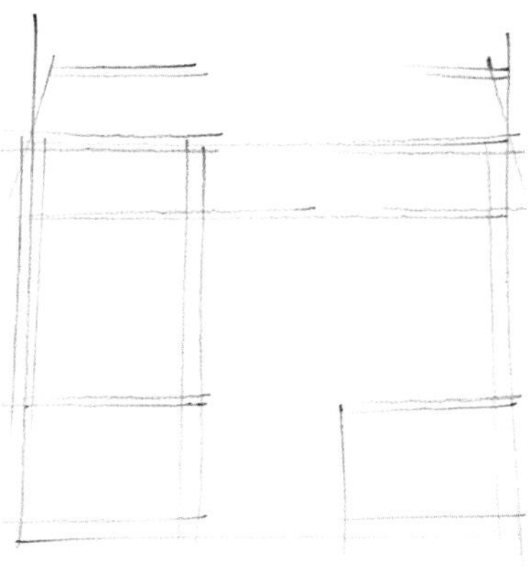

4

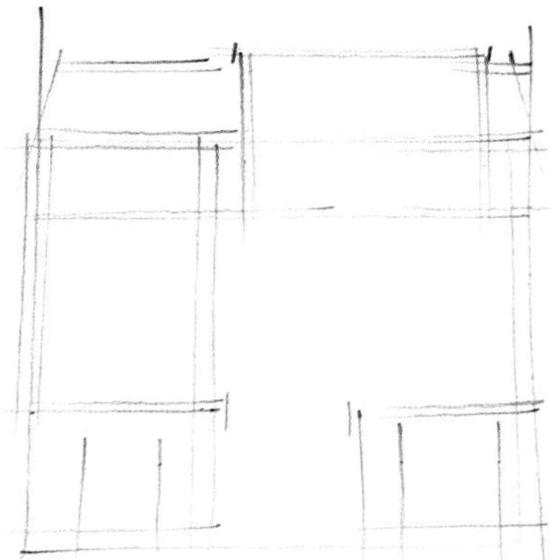

5

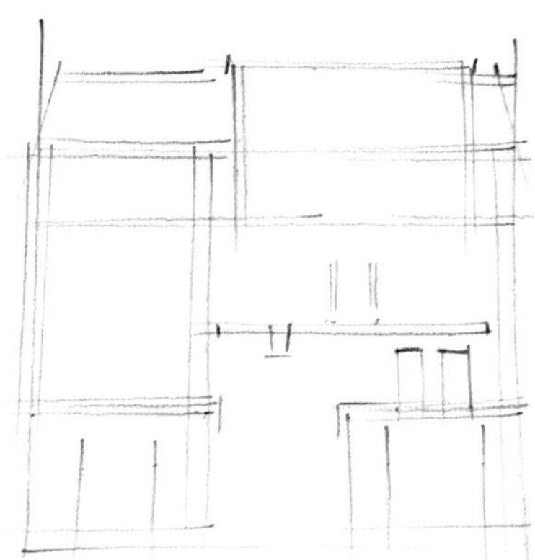

6

7

8

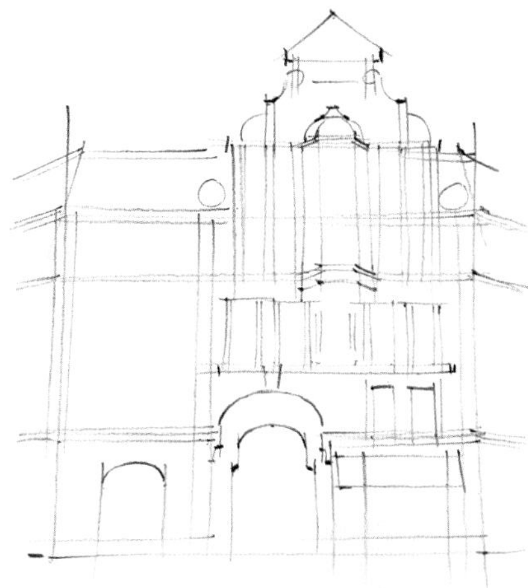

9

10

11

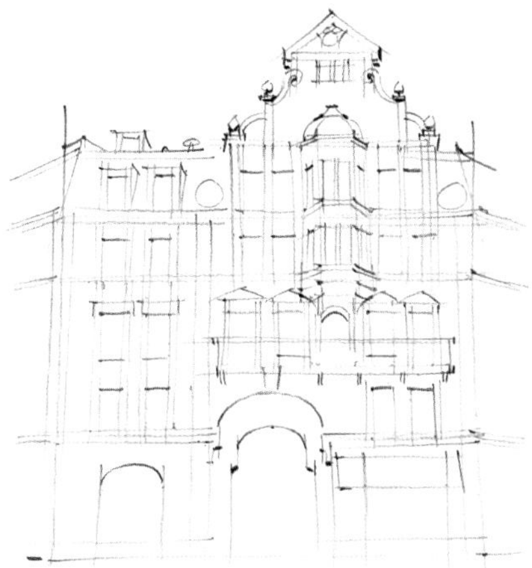

12

13

14

15

Das Puppenhaus

Dieses Haus erinnert mich an eine Kulisse der Augsburger Puppenkiste. Eine schöne Gelegenheit, langsam spielerischer zu werden – auch wenn wir uns weiterhin an die Regeln halten!

1

2

3

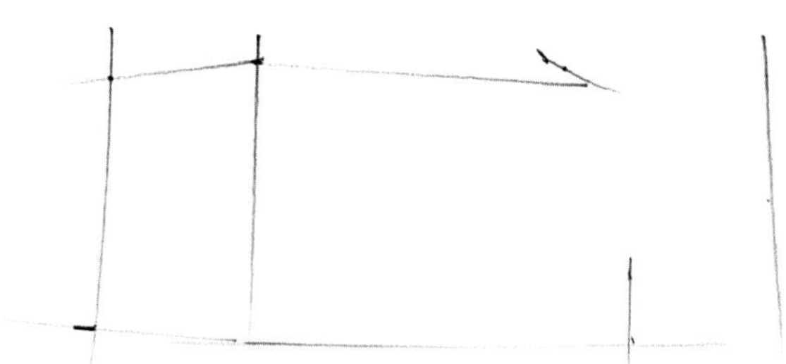

4

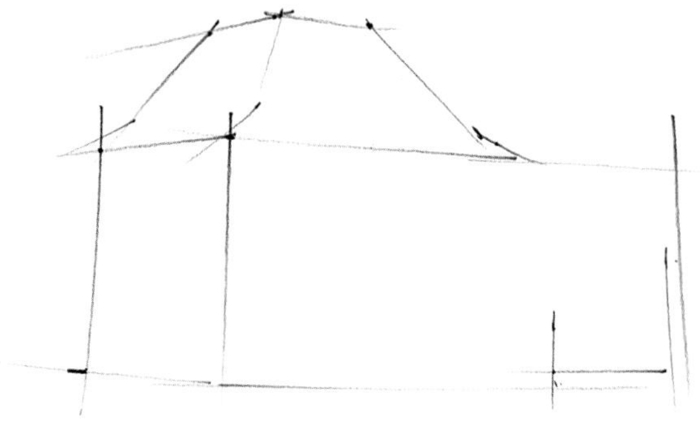

5

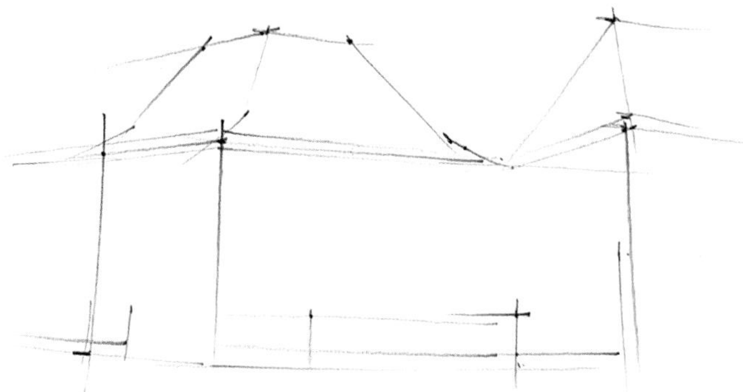

6

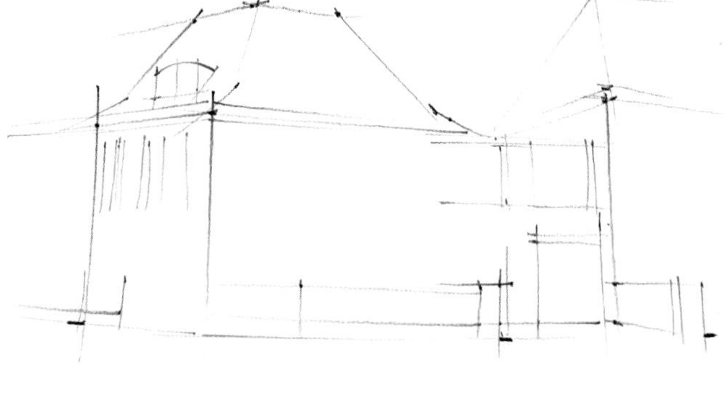

7

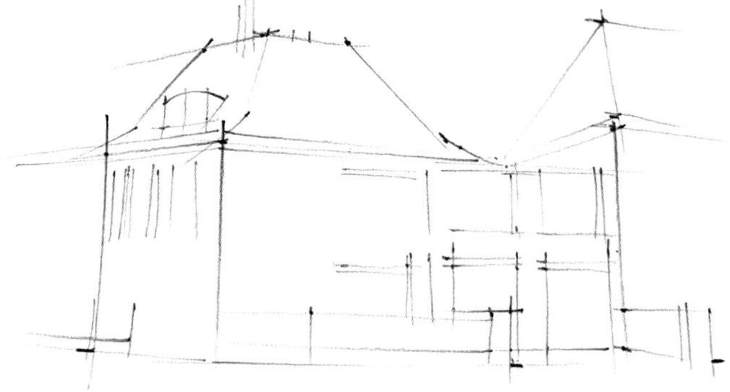

8

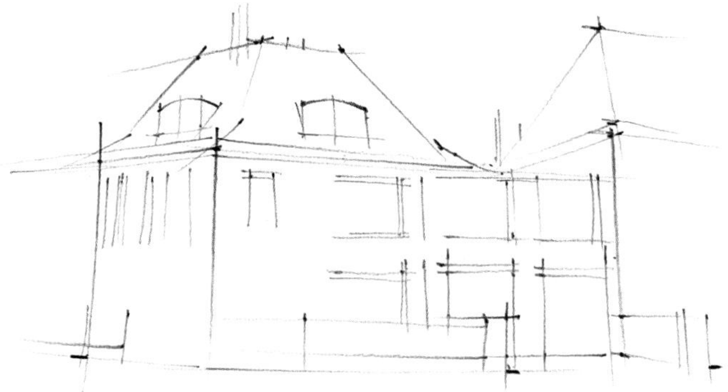

9

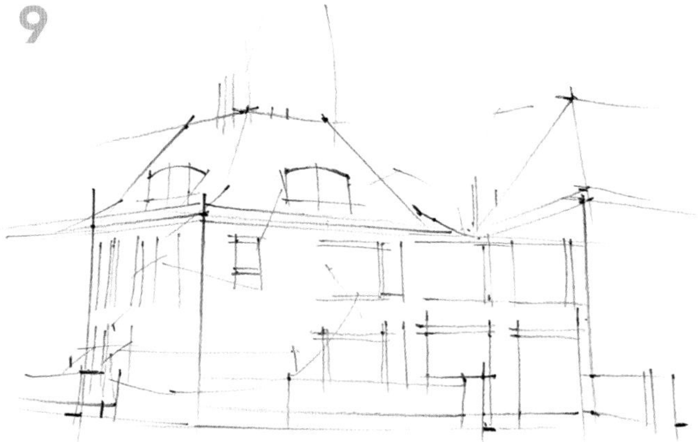

10

11

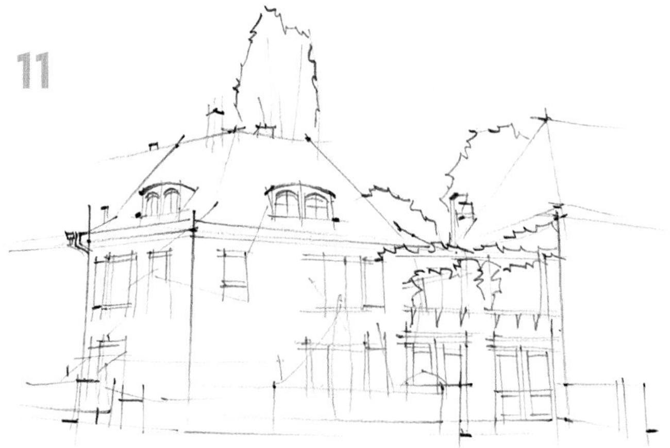

12

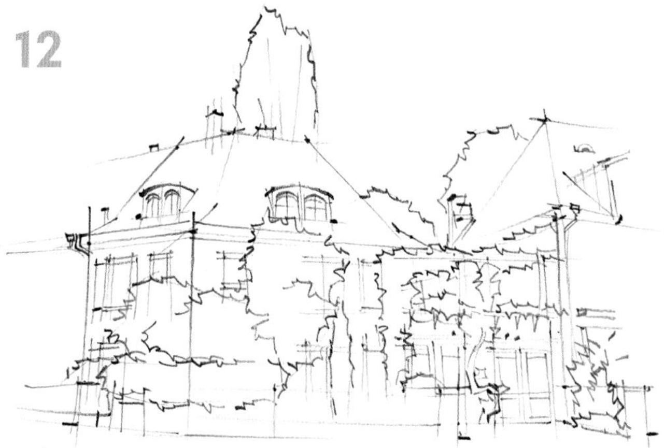

13

14

15

Das Eingeklemmte

Ein Eingeklemmtes, so nennt man bei uns in der Schweiz ein Sandwich. Und das mittlere Haus sieht ein wenig so aus, als würde es von den äußeren beiden in die Mangel genommen. Wir tun das jetzt mit allen dreien. Hoffen wir, dass dabei etwas Bekömmliches fürs Auge rauskommt.

1

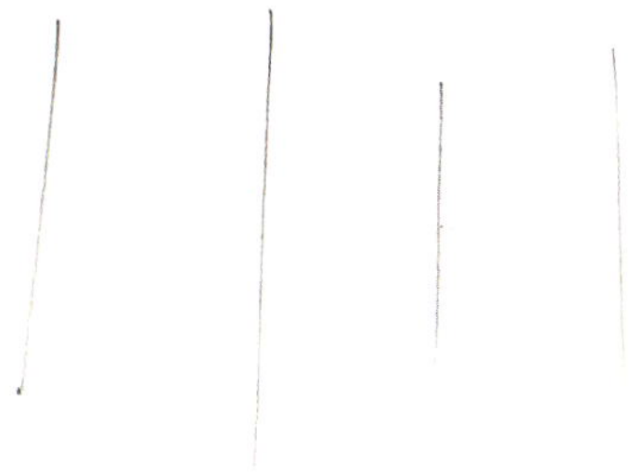

2

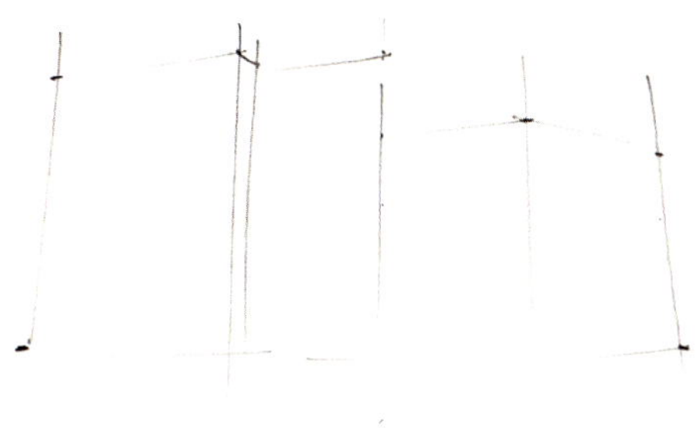

4

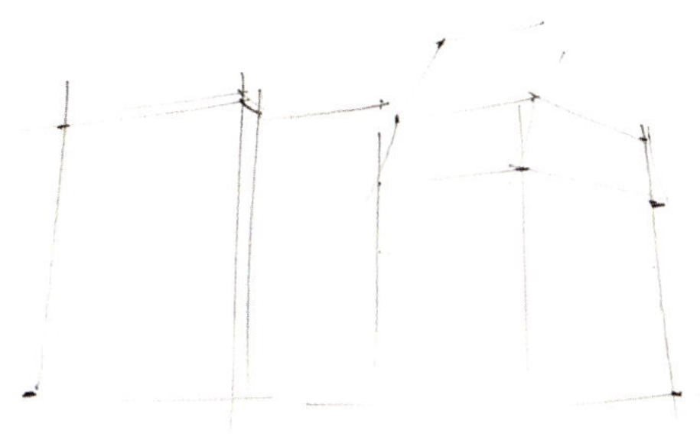

5

6

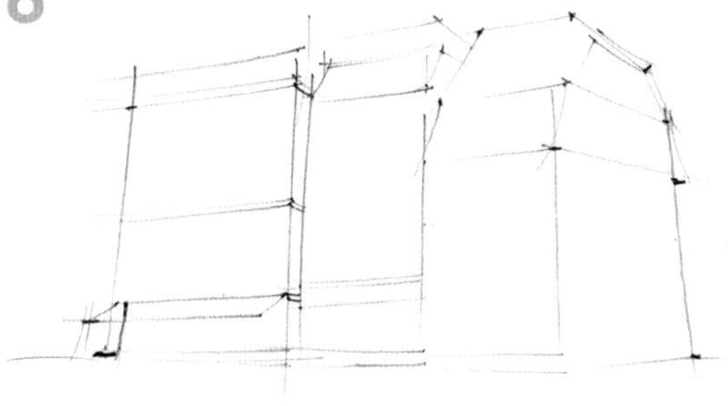

7

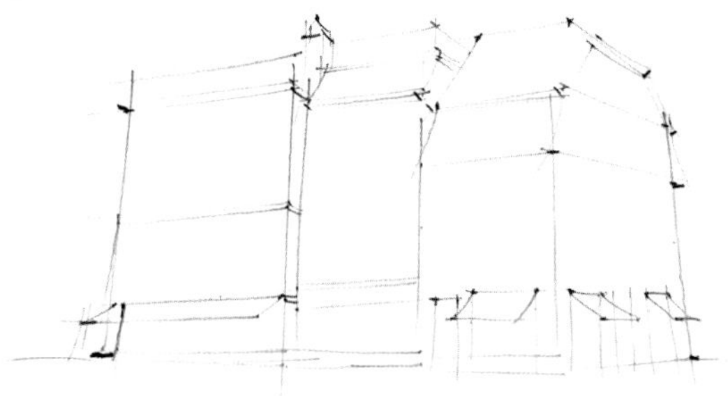

8

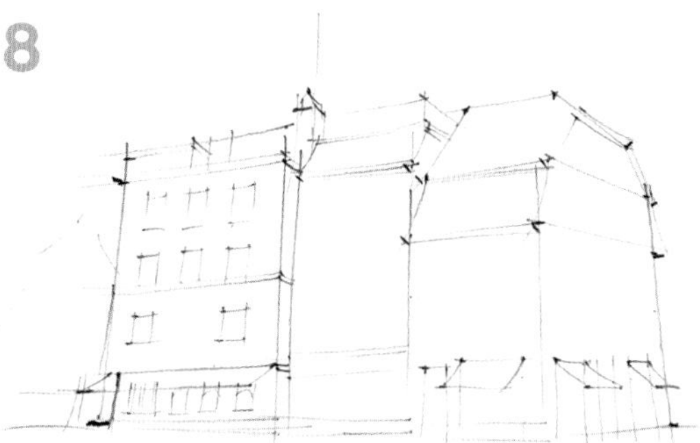

9

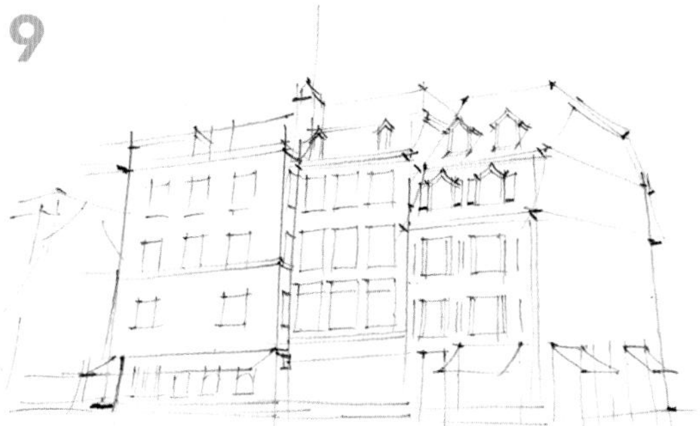

10

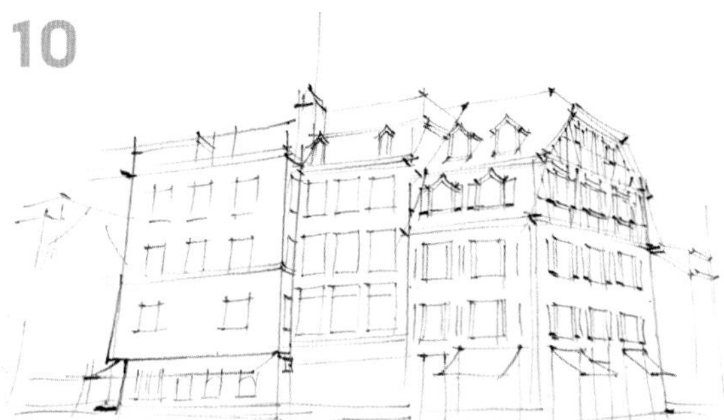

11

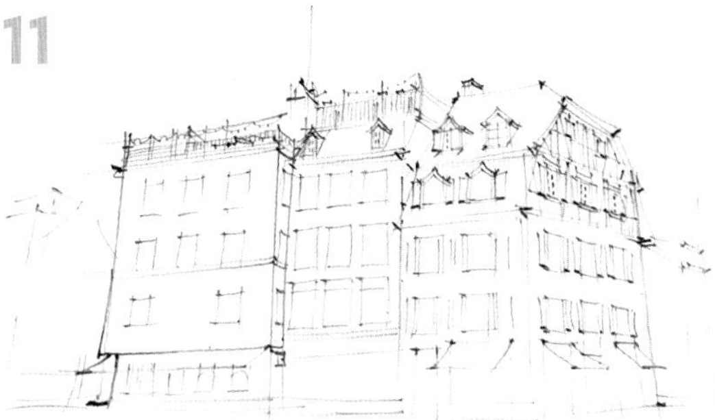

12

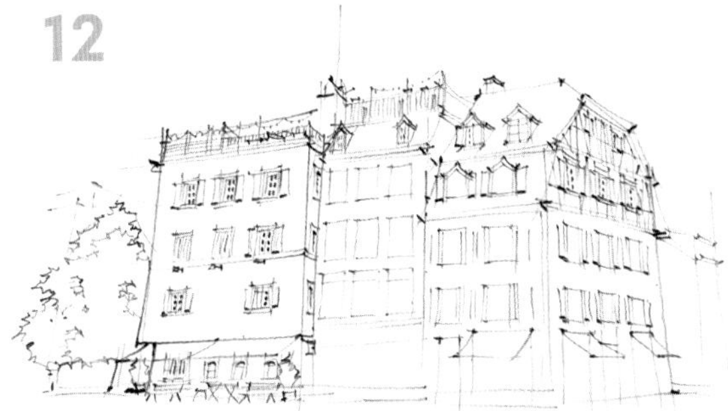

13

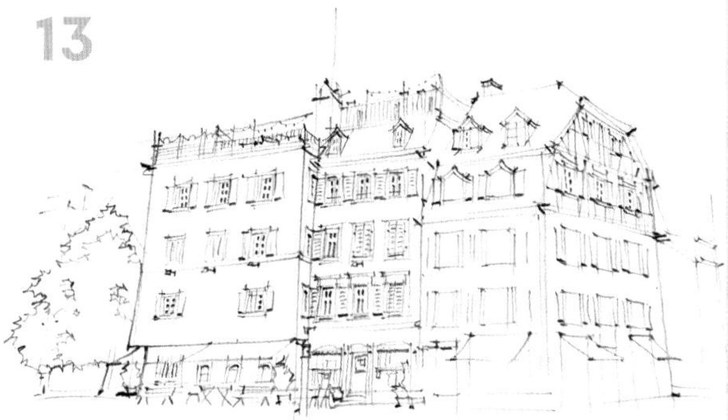

4

15

Die Zusammengewürfelten

Je größer das Durcheinander, desto mehr Spaß habe ich am Zeichnen. So wird das Zeichnen zu einer kleinen Reise, bei der man das Motiv genauer kennenlernt und auch besser versteht. Und plötzlich wird aus einem Haufen wilder Winkel und Linien eine Zeichnung, die alles zusammenhält.

1

2

3

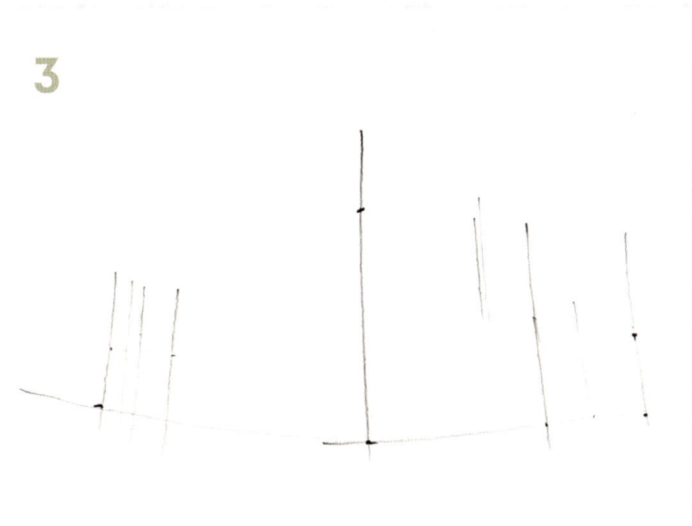

4

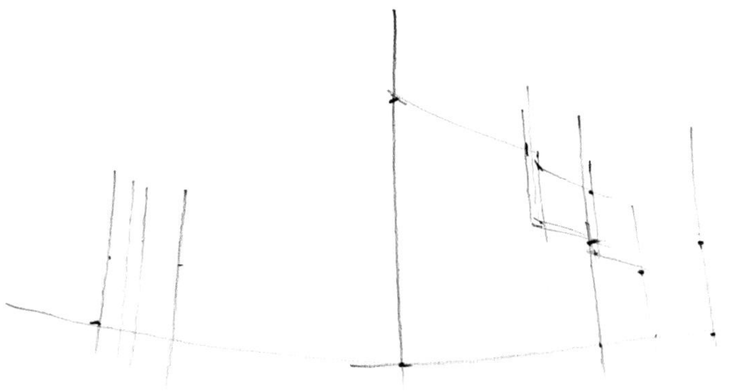

5

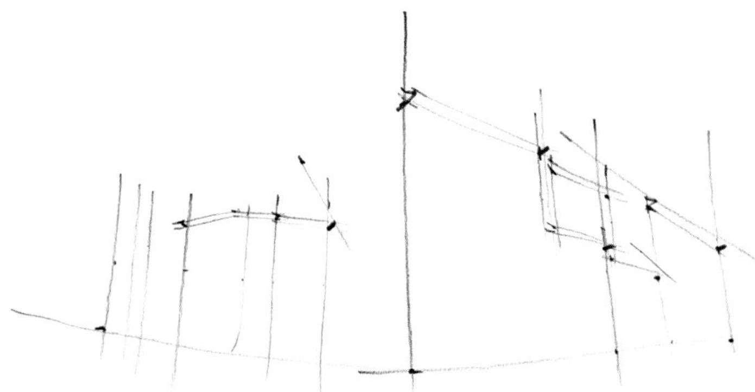

6

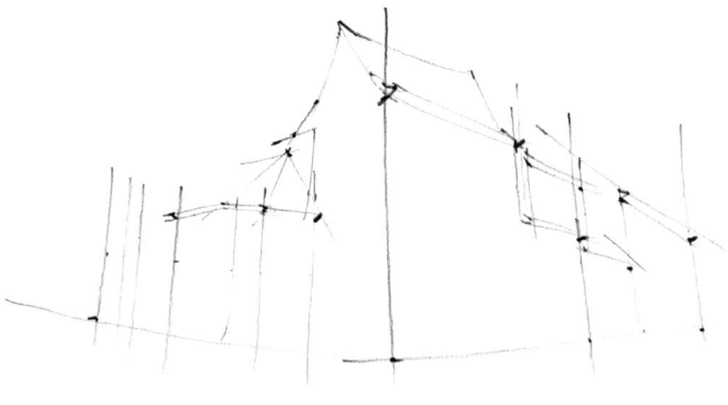

7

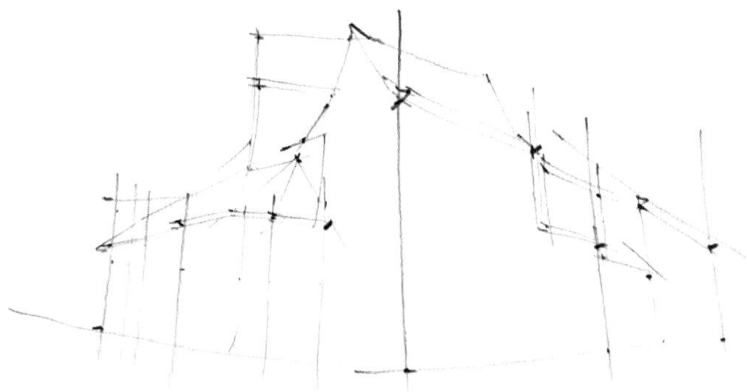

8

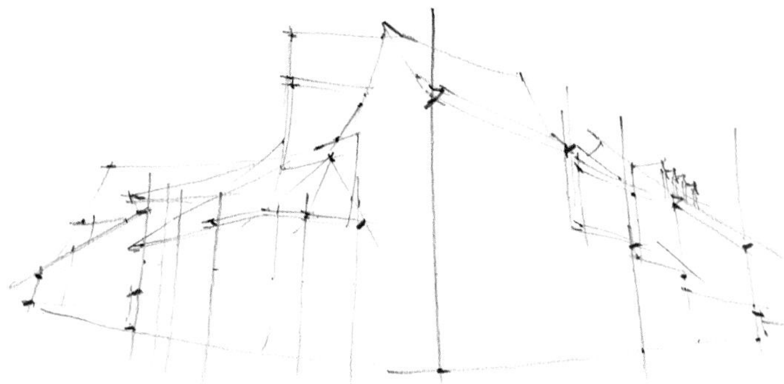

9

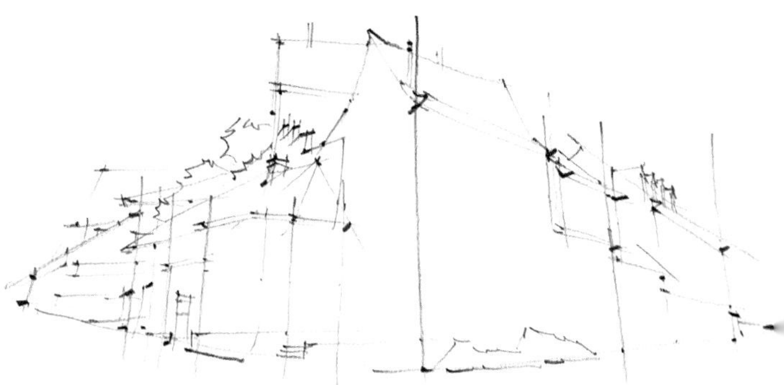

10

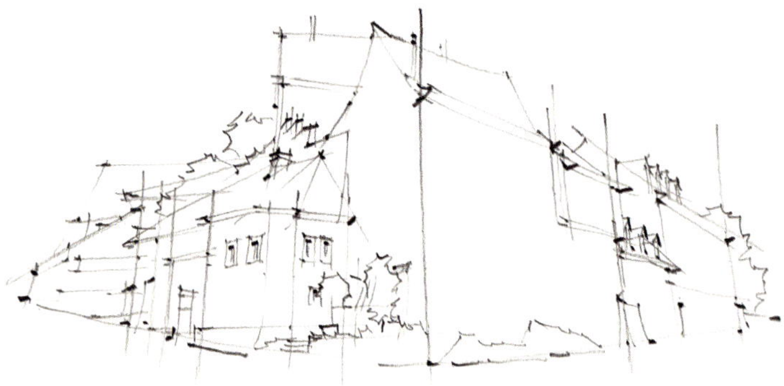

11

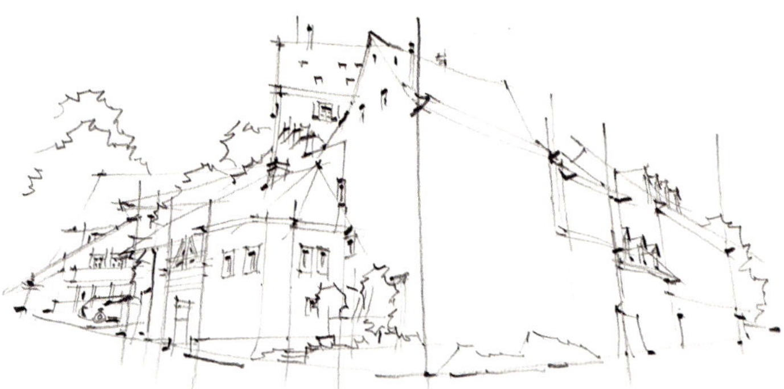

12

13

14

15

Buchempfehlungen für Sie

Noch mehr Kreativ-Bücher zum gleichen Thema gesucht?

ISBN 978-3-7724-8264-9

ISBN 978-3-7358-8019-2

ISBN 978-3-7358-8035-2

ISBN 978-3-7724-4730-3

ISBN 978-3-7724-4731-0

ISBN 978-3-7724-4776-1

ISBN 978-3-7358-8037-6

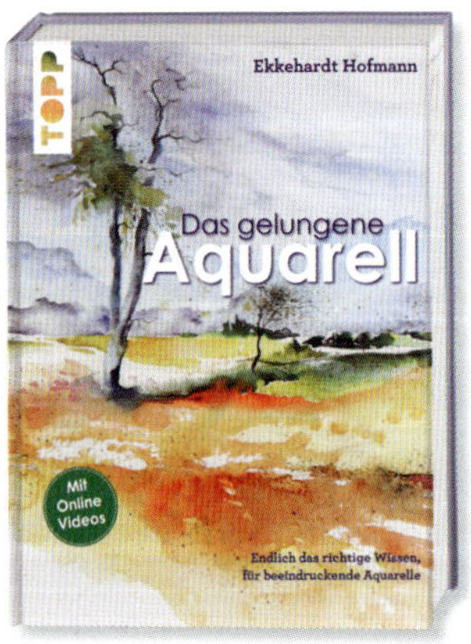

ISBN 978-3-7724-8296-0

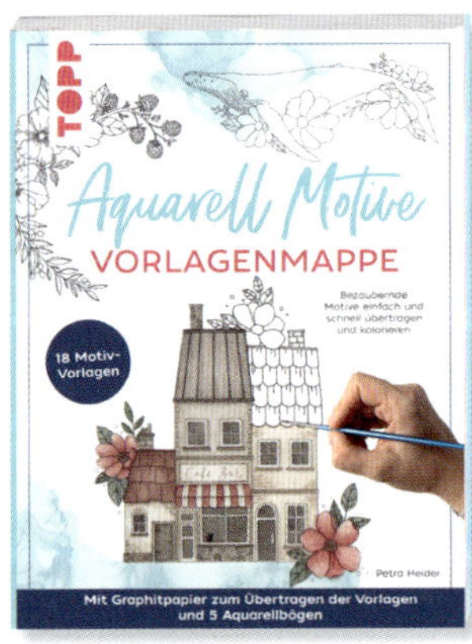

ISBN 978-3-7358-8062-8

Viele weitere Kreativ-Bücher finden Sie auf www.TOPP-kreativ.de

#TOPPPROJEKT

Die eigene Kreativität zeigen: TOPPprojekt mit anderen Kreativen teilen und Teil der Gemeinschaft werden.

DIY-begeistert und auf Instagram? Dann unbedingt mitmachen! Hier gibt's Tipps und Feedback zu den eigenen Projekten. Außerdem verlosen wir jeden Monat ein Überraschungspaket. Um am Gewinnspiel teilzunehmen, einfach ein Bild vom Kreativ-Projekt aus unseren Büchern mit #TOPPprojekt posten und unserem Account @frechverlag folgen. Mehr Infos auf TOPP-kreativ.de/TOPPprojekt

Website
Auf TOPP-kreativ.de gibt ein riesiges Angebot von über 1.000 Kreativbüchern, Sets & mehr zu entdecken.

Newsletter
Immer als Erstes von unseren Neuheiten und Sonderaktionen erfahren: TOPP-kreativ.de/newsletter

Instagram
@frechverlag

Pinterest
pinterest.com/frechverlag

Facebook
facebook.com/frechverlag

DigiBib
Hier gibt es zusätzlich zu einigen unserer Bücher digitale Extras, wie Video-Tutorials, Plotter-Dateien, Vorlagen, Übungsblätter & vieles mehr. Einfach im Impressum eines TOPP-Buchs nachschauen, ob dort ein Code vorhanden ist und exklusive Inhalte freischalten TOPP-kreativ.de/digibib

Youtube
youtube.com/frechverlag

Boris Zatko lebt und arbeitet als freier Autor und Illustrator in Basel. Seit frühester Kindheit schreibt, zeichnet und malt er. Als einer der Mitbegründer der Schweizer Urban Sketcher Szene hält er in regelmäßigen Abständen Vorträge und führt Workshops im Bereich Aquarell und Urban Sketching durch.

Danksagung

Mein größter Dank gilt zuallererst der lieben Hannelore Irmer-Romeo, die mir dieses Projekt vorgeschlagen hat und mit der ich ungemein schöne Gespräche über Kreativität und das Leben führen durfte (und hoffentlich in Zukunft noch weiterführen darf). Und natürlich danke ich ihr für die Geduld bei der Entstehung dieses Buches. Gabriele Betz danke ich für die großartige Lektorierung meiner Texte, die zu keinem Zeitpunkt ihre Authentizität verloren. Und dann möchte ich allen danken, die mir auf den sozialen Medien regelmäßig über die Schultern schauen und sich dadurch inspiriert fühlen, selbst zum Bleistift und Pinsel zu greifen. Dieses Buch wäre ohne dieses Publikum nicht möglich!

Impressum

FOTOS: Marc Gilgen (Porträts), Boris Zatko (Gebäude), Seite 72: Vitra Design Museum in Weil am Rhein, nach einem Entwurf des US-amerikanischen Architekten Frank O. Gehry.
PRODUKMANAGEMENT UND KONZEPTION:
Hannelore Irmer-Romeo
REDAKTION UND LEKTORAT:
Betz Lektorat + Redaktion, Tübingen
COVER- UND LAYOUTGESTALTUNG: Eva Hook
SATZ: FSM Premedia GmbH & Co. KG Münster
DRUCK UND BINDUNG: DZS Grafik, d.o.o.

1. Auflage 2023

ISBN 978-3-7358-8072-7 · Best.-Nr. 28072

MIX
Papier | Fördert gute Waldnutzung
FSC® C106600

Penguin Random House Verlagsgruppe FSC® N001967